100교시 그림책 수업

일러두기
✦ 본문에 나오는 아이들 이름은 대부분 가명입니다.
✦ 타고난 질병이나 가정 환경에 대한 설명은 가급적 줄이고 직접 경험한 말과 행동으로 해당 아이를 드러내려 노력했습니다.
✦ 아이들의 표현 중 일부는 구어체를 살려서 적었습니다.

머리말

눈을 맞추고
귀를 기울이면

저는 22년 차 초등 교사입니다. 간절히 바라던 꿈은 아니었지만 교직에 발을 디뎠으니 좋은 교사가 되고 싶었어요. 하지만 희망과 열정으로 가득했던 첫해부터 넘어지고 다치며 어둠과 절망을 마주했습니다. 부딪히고 피 흘리는 제 상처만 아파하느라 쭈뼛쭈뼛 힘들게 손 내미는 한 아이를 외면하기도 했어요.

보이면서도 못 봤다고, 알지만 모르겠다고 고개를 저었습니다. 자기 상처도 어찌할 바 모르면서 아이들 앞에 서는 일이 두려웠습니다. 교사 일을 계속할 수 있을지 이 길을 계속 가야 할지 물으며 스스로를 괴롭혔지요.

방황 속에서 저를 다독인 건 선배와 동료, 가족, 무엇보다 아이들입니다. 아이들이 내민 손이 없었다면, 그 손을 잡지 않았다면, 20년 넘게 교사라는 이름으로 살지 못했을 겁니다.

아이들이 내미는 손을 보며 저도 그들을 마주보기 시작했습니다. 가만 바라보니 모습도, 말투도, 행동도, 성격도 제각각이었지요. 어느 봄날, 교실 화분에 나팔꽃과 봉숭아 꽃씨를 심으며 아이들이 씨앗 같다고 생각했어요. 겉모양만 봐서는 어떤 싹을 틔울지, 무슨 색과 모양과 향기가 나는 꽃을 피울지, 언제 가장 활짝 꽃을 피울지 알 수 없으니까요. 분명한 건 흙과 물, 바람과 햇빛이 함께하고 정성을 계속 기울인다면 씨앗 스스로 꽃을 피운다는 사실이었습니다.

그때부터 저는 씨앗 같은 아이들을 돌보고 지키는 사람이 되기로 결심했어요. 스스로 '씨앗샘'이라는 이름을 붙이고 아이들은 '씨앗들'이라고 불렀어요. 각자의 모습과 속도대로 자라는 아이들을 이해하고 기다려주는 어른이 되어야겠다는 꿈을 품기 시작했지요. 눈을 마주하고, 귀를 기울이고, 기다리는 것이 사랑임을 천천히 깨달았어요.

시간이 한참 흘러 선배보다 후배 교사가 더 많아졌고, 저는 실패하고 방황한 이야기들을 뒤로 숨기고 잘 살아온

척, 좋은 교사인 척 제 모습을 포장했습니다. 그런 시간이 길어지니 저 자신이 정말 그런 사람인 줄 착각하는 날도 있었지요.

글을 쓰는 동안 여러 계절이 들락였습니다. 연둣빛 잎이 살랑였고 뜨거운 태양과 선선한 바람결을 지나 시린 겨울 앞에 서게 되었어요. 눈꼬리부터 올라가는 이야기는 즐거웠고, 꺼내기 싫은 이야기들은 저를 오래 서성이게 했습니다. 글을 쓰는 시간보다 컴퓨터 앞에서 멍하니 새벽을 맞거나, 쏟아지는 눈물로 한 글자도 쓸 수 없을 때가 더 많았어요.

도망치고 싶은 마음과 싸우며 오랜 시간 자책하다 힘겹게 자신과 마주했습니다. 돌아섰다면 영영 알 수 없었겠지요. 지금껏 저를 지탱해준 게 나를 둘러싼 수많은 사랑의 힘이라는 것을요.

> 네가 모르는 곳에 여러 인생이 있다. 네 인생이 둘도 없이 소중하듯 네가 모르는 인생도 둘도 없이 소중하다. 사람을 사랑하는 일은 모르는 인생을 아는 일이다.
> – 하이타니 겐지로

아이들 하나하나는 모르는 인생이며 끝을 알 수 없는

우주입니다. 둘도 없이 소중한 인생이지요. 제가 만나는 아이들을 알아가기 위해 오늘도 몸을 낮추어 눈을 맞추고 귀를 기울입니다. 기다림, 그것이 사랑이니까요.

우리는 조금 닮았습니다.

당신과 제가 어제보다 나은 세상을 간절히 꿈꾸는 것, 오늘보다 한 뼘쯤 나은 사람이 되려고 애쓰는 것, 이 모든 것이 우리 곁에 어린이들이 있기 때문입니다. 어쩌면 제가 모르는 어느 인생도 어디선가 힘든 시간을 보낼지 모르겠습니다. 그 소중한 인생에게, 한 사람의 끝없이 넘어지고 일어서는 삶이 "괜찮아요." "충분히 잘하고 있어요." 하는 다정한 인사가 되면 좋겠어요. 이 책이 당신 곁의 아이와도, 자신과도 잘 지내도록 당신을 다독여준다면 기쁠 거예요.

오랫동안 감춰둔 서랍을 열 수 있도록 손 내밀어준 '열매하나'와 '심다'에 고마움을 전합니다.

차례

머리말 눈을 맞추고 귀를 기울이면 ___ 5

기다리다

학교를 불태우고 싶던 아이의 100교시 수업 ___ 15
나를 그림책으로 이끈 공룡 소년 ___ 26
나는 구재불룽이에요 ___ 38
나팔꽃이 천장까지 올라갔어요 ___ 47
너는 어느 별에서 왔니? ___ 58

흥얼거리다

가슴이 콩닥콩닥해요 ___ 73
달팽이에게 길을 내어줄 수 있다면 ___ 83
상상 세계의 문을 여는 열쇠 ___ 94
손수 작은 텃밭을 돌보며 ___ 103

서성이다

그래도 넌 아빠가 있잖아 ___ 115

누가 그래요 아이들은 걱정이 없다고 ___ 128

어두운 그림책을 보는 이유 ___ 138

잡아주지 못한 손 ___ 151

일등도 부족한가요 ___ 165

할미꽃으로 피고 싶어요 ___ 178

배우다

내 편이 되어준 그림책 ___ 193

나랑 상관없어요 ___ 203

사랑은 미루지 말자 ___ 217

어린이는 누구나 시인이다 ___ 228

어쩌면 가끔은 괜찮은 선생님 ___ 242

맺음말 그림책을 그림책으로 읽어요 ___ 255

추천의 글 ___ 261

기·다·리·다

학교를 불태우고 싶던 아이의 100교시 수업

학교는 어떤 곳인가? 교사인 나에게 질문을 던져준 아이가 있었다. 3월, 막 2학년이 된 아이들과 학교 모습 그리기를 하는 날이었는데, 아이들 그림을 보다가 강혁이 옆에서 멈추어 섰다. 도화지가 온통 검은색과 빨간색으로 차 있다.

"강혁아, 이게 무슨 그림이야?"
"불타는 학교요. 학교가 불타고 있어요. 하하하."
강혁이의 말을 들은 아이들이 순식간에 모여들었다.
"어디, 어디? 진짜다. 왜 불났는데? 누가 그런 건데?"
"내가 그런 거야. 나는 학교가 싫어. 학교는 지옥이잖아.

내가 꼭 불태울 거야."

"진~짜? 그럼 우린 어디서 공부하는데?"

"공부 안 해도 돼. 학교가 없어지니까."

"선생님은? 친구들은?"

"없어. 다 불탔어. 하하하."

강혁이는 도화지를 노려보며 끝까지 학교를 불태웠다. 섬뜩함에 온몸의 세포 하나하나가 일어서는 것 같았다. 무엇이 강혁이 마음에 증오의 뿌리를 내리게 한 걸까. 표정과 말투, 그림이 떠올라서 다음 날까지도 나는 악몽을 꿨다. 불타는 학교 안에는 살려 달라고 외치는 아이들과 내가 있었고 강혁이는 밖에서 웃으며 서 있었다.

강혁이는 단단히 걸어 잠근 빗장을 열지 않았다. 학교도, 공부도, 선생님도, 친구들도 모든 것이 싫으니 학교가 불타면 좋겠다고만 했다. 어머니 말씀으로는 강혁이가 1학년 때 산만한 태도로 혼나고 친구들과 자주 다투면서 학교에 가기 싫다는 말을 많이 했다고 한다.

강혁이의 책상은 정리된 날이 없었다. 필통 속 물건이 책상과 바닥에 흐트러져 있고, 교과서와 청소 용품까지 어지럽게 늘어서 있었다. 정리를 도와줘도 10분이 지나지 않아 다시 원래대로 돌아갔다. 교과서와 공책은 마음대로 가위질하기 일쑤였다. 수업 중에 교실 안을 돌아다니고 아무렇지도 않게 거친 말을 뱉어서 친구들과 싸웠다. 1학년 때도 여러 상황 속에서 선생님과 고군분투했을 모습이 그려졌다. 서로 상처를 주고받았을 거다. 지금 나와 강혁이처럼.

『학교가 처음 아이들을 만난 날』을 보면 프레드릭 더글라스 초등학교가 처음 문을 여는 날, 모두가 약간 들떠 있었는데 특히 '학교'가 그랬다. 학교는 걱정이 많고 호기심도 많고 마음이 약하다. 아이들을 처음 맞이할 생각에 불안하고 떨린다. 학교가 생각을 하다니. 새 학기를 맞는 내 마음과 꼭 같다니. 아이들은 한 번도 상상해보지 못한 학교의 마음에 어리둥절했다.

잠시 읽어주기를 멈추고 말했다. 불안하고 떨리는 건 학생을 기다리는 학교도 그렇고 선생님도 그렇다고. 선생님도 학교처럼 불안하고 떨려서 잠을 못 잔다고. 그러니 책에 나오는 불안하고 떨리는 학교의 마음은 모두의 마음과 같을 거라고. 아이들은 처음으로 학교와 선생님의 마음을 생각하며 새로운 세상을 본 것처럼 신기해했다.

책에도 뾰로통한 표정으로 자기 발만 뚫어지게 쳐다보면서 "나는 학교가 싫어."라고 말하는 아이가 등장한다. 하지만 학교는 자신이 싫다는 아이를 내일 다시 초대하고 싶다고 말하며, 비로소 자신이 학교라는 사실을 뿌듯하게 느낀다. 좋아하거나 싫어하는 누구라도 초대할 수 있는 곳이 바로 학교인 거다.

경제 주체인 어른들은 초대받고 환대받은 경험이 많다. 반면 아이들은 그런 경험이 적다. 식당이나 백화점, 문구점, 편의점에서 아이들은 귀찮고 시끄럽고 때로는 더러운 손님으로 여겨지며, 은근히 또는 대놓고 환대받지 못한다. 강혁이도 학교에서 환대받지 못했다. 그 사실을 스스로 잘 알고 있었다. 조금씩 적개심을 쌓아가던 아이가 찾은 해결책은 학교를 불태우는 것이었다.

그동안 나는 아이들을 진심으로 환대했을까. 부끄럽지만 아니다. 일찍 와서 뛰어다니고 소리를 지르는 아이들을 보면 반가운 아침 인사 대신 화를 먼저 냈다. 숙제를 안 해오면 아이들이 제일 좋아하는 중간놀이 시간에 하게끔 시키고 심지어 남아서까지 끝내게 했다. 지각하는 아이를 기다리다 인내심의 한계에 다다르면 언제까지 그럴 거냐고 언성을 높였다. 나는 그런 선생이었다. 그 사실을 깨닫고도 나는 못나고 못된 선생이라 뾰족한 해결 방법을 찾지 못했다. 그저 강혁이와 아이들을 진심으로 맞이하고 사랑을 더 많이 표현하자고 결심했다.

　씨앗반의 아침 인사는 눈 맞춤이다. 앞자리에 와서 눈을 맞추고 인사하고 서로 안부를 묻는다. 코로나 바이러스가 퍼지기 전, 헤어지는 인사는 안아주기였다. 물론 질색하며 손사래 치는 5~6학년인 고학년들에게는 선택권을 준다. 1번 안아주기, 2번 악수, 3번 주먹 인사, 4번 하이파이브 등 함께 몇 가지를 정하고 번호를 말하면 그 인사를 나누고 헤어진다.

　3~4학년인 중학년까지는 안아주기 인사를 좋아한다. 교실 뒷문 앞에서 한 줄로 서서 '사랑한다'는 말과 함께 '사랑하는 만큼' 안아주는 거다. 강혁이는 처음부터 이를 거부하고 가장 먼저 교실에서 탈출했다. 다른 아이들은 반대였다. 언제부턴가 줄이 줄지 않아서 이상해 둘러보니 아이들이 앞문으로 도로 들어와 또 줄을 서고 있었다. 회의나 출장이 있는 날은 한 번만 인사하자 부탁하며 진땀을 빼기 일쑤였다.

　어느 날, 갑자기 내 등에 업히는 덩치 큰 누군가 때문에 목이 답답했다. 놀라서 돌아보니 강혁이였다. 그날부터 강혁이는 내 등과 다리에 매달리기 시작했다. 안아주기가 쑥스러웠던 강혁이가 나름대로 선택한 방식이었다. 그러다 그 사건이 벌어졌다.

"선생님, 우리는 왜 4교시, 5교시만 해요?"

"우리도 형아들처럼 6교시 해요. 아니 7교시 해요."

"아니 10교시 해요. 아니 억교시, 경교시 해요. 무한 교시 해요."

"안 돼요."

"왜 안 돼요? 왜요? 그럼 그냥 100교시만 해요."

"선생님은 우리가 싫어요?"

"엄청 좋아하는데. 하늘, 땅, 우주만큼 사랑하는데."

"우리도 선생님 좋으니까 100교시 하자는 거예요. 네?"

한번은 이야기 도중에 누군가 자기 형은 날마다 6교시까지 하느라 늦게 끝난다는 말을 꺼냈다. 다른 아이들도 말꼬리를 물었다. 2학년의 좋은 점을 내세우기 위해 내가 끼어들었다. 우리는 5교시까지 하고 4교시만 할 때도 있어서 참 좋지 않냐며 열렬한 동의를 기다렸지만 이야기는 이상한 쪽으로 흘러갔다.

아이들은 불공평하다면서 우리도 6교시를 하자고 주장했다. 그러더니 더 긴 수업을 요구하며 많이 양보해서 100교시만 하자며 기세가 등등했다. 뭔가 크게 잘못됐다.

그 후, 아홉 살 어린이들은 대단한 똥고집을 보여주었다.

포기를 몰랐다. 칠판에 '내일 100교시'라고 크게 쓰고 자기들끼리 준비물까지 정하더니 지우지 말라며 나를 막아섰다. 그다음 날은 100교시 책가방을 멘 곰인형이 100교시 깃발을 들고 나타났다. 수업 시간에는 100교시 머리띠를 두르고, 교실 문에 100교시라고 써 붙이기도 했다.

아이들은 종이를 붙이고 나는 떼기를 반복하는 줄다리기가 시작되었고, 협상에는 진전이 없었다. 아이들 마음대로 100교시 준비물이라며 알림장에 이불, 베개, 간식 등을 써 가는 바람에 학부모들의 문의가 이어졌다. 다음 날도 그다음 날도 자꾸만 베개와 인형을 들고 와서는 배시시 웃는 아이들을 보며 난처했다.

무엇보다 나에겐 '100교시를 할 수 없다.'고 설득할 이유가 부족했고, 아이들은 나를 충분히 설득했다. 학교가 좋아서 오래오래 있고 싶으니, 선생님과 친구들이 좋아서 헤어지기 싫으니, 학교에서 잠도 자고 딱 한 번이라도 100교시를 하자고. 그렇게 아홉 살 인생들의 한 달 가까운 투쟁에 나는 백기를 들었다. 100교시 시간표를 짜고, 커다란 텐트를 가져오겠다는 걸 1인용 텐트로 대신하고, 하룻밤을 자겠다는 요구는 낮잠으로 바꾸며 어려운 협상을 마쳤다.

드디어 100교시 날, 아이들은 이불과 베개가 든 보따리,

돗자리와 간식까지 싸 들고 교실에 들어섰다. 먼저 텐트 세우기에 열을 올렸다. 두꺼운 종이를 오리고 조립하니 '100교시'에 어울리는 텐트가 되었다. 돗자리를 깔고 텐트 놀이에 정신을 팔다가 또 새로운 놀이를 만들어서 해보고, 간식도 먹고 영화도 봤다. 이웃 반에 폐가 될까봐 전전긍긍하는 선생님은 안중에도 없고 깔깔거리며 즐거워한다.

이어서 낮잠 시간, 이불을 꺼내고 귀신 놀이에 열을 올리던 아이들을 겨우 진정시켰더니 이번엔 이불 줄다리기가 펼쳐졌다. 나도 잠이 드는 척하면서 아이들을 달래 겨우 잠을 재웠다. 인형을 안고, 커다란 베개를 베고, 친구를 보듬고. 아이고 얘들아, 냄새나는 실내화는 왜 안고 자니? 잠이 안 온다고 뒹굴다가 어느새 잠에 폭 빠진 녀석들도 있었다.

급기야 점심시간이 되어 아무리 깨워도 도통 일어나지 않는 아이들을 돗자리 말이까지 해서 깨워 급식실로 향하는데, 아이들은 저마다 다음 100교시 일정 계획으로 떠들썩했다.

"앞으로 일주일에 한 번씩 해요."
"그건 어려운데."
"그럼 한 달에 한 번은 할 수 있죠?"

"음, 겨울에 한 번 하면 어떨까?"

"그럼 눈 오는 날 해요. 좋다. 좋다. 눈 오는 날 100교시. 밤까지요!"

그런데 100교시 수업에는 22년 교직 생활에서 가장 풀기 어려운 수수께끼가 있다. 학교에 오래오래 있고 싶다는 아이들도 아니고 책가방 대신 베개와 이불을 준비해준 부모님들도 아니다. 깃발을 만들고 머리띠를 두르고 칠판에 준비물을 적으며 앞으로 나서던 한 아이 때문이다. 맞다! 강혁이다!

100교시 날 아침, 강혁이는 1번으로 교실에 와 있었다. 1인용 이불을 가져오자는 약속은 어디 가고 넷이 덮어도 남을 커다란 이불 가방과 함께였다. 강혁이는 커다란 이불을 밀고 당기고 뒤집어쓰고, 썰매로 끌고 다니며 시원한 에어컨 아래서도 땀을 흘리며 놀았다. 챙겨 온 간식을 슬쩍 내 책상 위에 올려두었다. 100교시 선봉대장은 모든 활동에 앞장서며 즐거워했다.

100교시 수업 날 이후, 강혁이는 책상과 주위를 깨끗이 정리하고 수업 시간에 바른 자세로 공부했다. 하고 말하면 좋겠지만, 이전과 비슷하면서도 조금 달라졌다. 여전히 정리를 싫어하고 흥미가 꽂히는 일에만 집중하고 교과서를 오리고 수업 중에 다른 이야기를 꺼냈다. 그렇지만 책 읽는 시간이면 맨 앞자리에 앉으려고 하고, 한 줄도 쓰지 않던 알림장에 뭔가를 괴발개발 그리기 시작했다. 100교시 선봉대장이 된 후로 친구들이 강혁이를 좋아하는 게 느껴졌고 강혁이도 으쓱거렸다. 모든 면이 한 번에 좋아지지는 않았지만 무언가 달라지고 있었다.

강혁이를 만나고, 나는 학교를 불태우고 싶은 사람도 있다는 걸 깨달았다. 또 실제로 학교를 태우지는 못하기에 말없이 자기 맘을 까맣게 태우는 아이들도 있음을 가슴에 새겼다. 왜 강혁이가 그렇게 불태우고 싶다던 학교에서 100교시를 하고 싶어졌는지 그 이유는 잘 모르겠다. 마음대로 짐작하자면 어느 순간 '이곳에 잘 왔구나.' 하는 '환대의 마음'을 느꼈던 게 아닐까.

어떤 모습이든 어린이 그 한 사람을 온전히 받아들이고 환대하는 곳, 학교가 그런 곳이 되면 좋겠다. 아침이면 책가방을 메고 집을 나서는 발걸음이 가볍고, 오후에 학교를 나서는 발걸음에 콧노래가 따라다니면 좋겠다. 환대받는 공간에서 친구들과 선생님을 만나고 자기 자신을 알아가며 하루하루를 보내는 어린이가 많아지기를 꿈꾼다.

함께 읽으며

『학교가 처음 아이들을 만난 날』__아담 렉스 글 | 크리스티안 로빈슨 그림 | 김서정 옮김 | 북뱅크

『헉! 오늘이 그날이래』__이재경 | 고래뱃속

『괜찮아, 우리 모두 처음이야!』__이주희 | 개암나무

이렇게도 해보았어요

💬 첫 만남을 앞두고 떨리고 기대되고, 두렵기도 했던 선생님의 이야기를 들려준다.

💬 처음 학교에 왔을 때(새 학년 교실에 왔을 때) 감정을 나눈다. 두려움, 걱정, 긴장, 설렘, 기대 등 왜 그런 마음이 들었는지 이야기한다.

💬 우리를 처음 만난 학교는 어떤 기분일지 이야기한다.

💬 학교가 되어서 오늘 나를 지켜봤다면 뭐라고 말해주고 싶을지 생각해본다.

💬 학교생활 중에 즐거운 점과 어려운 점을 나눈다.

💬 '학교란 ○○이다.' 나에게 학교란 무엇인지 이야기한다.

나를 그림책으로 이끈
공룡 소년

"선생님, 작년 형아들한테도 책 읽어줬어요?"

"그럼~"

"그전에도요?"

"그럼~"

"그 전전에도요? 언제부터 읽어줬어요?"

집요하게 묻는 녀석 덕분에 기억을 거슬러 현석이를 떠올렸다. 18년 전, 현석이를 만나며 오늘의 나는 아이들과 함께 책 읽는 선생님이 되었다.

교직 4년 차, 여섯 학급뿐인 작은 시골 학교에서 3학년 담임을 맡았다. 단급 학급이어서 아이들은 3년째 같은 반이었다. 학습과 행동에 어려움을 겪는 현석이가 있는 반은 교사들이 담임을 맡기 어려워했다. 나 역시 덜컥 담임을 맡고 꼬리를 무는 걱정에 잠이 오지 않았다. 그래도 한 해 동안 한글을 가르쳐보자고, 할 수 있을 거라고 나름대로 희망을 품었다.

첫날부터 현석이는 가방을 팽개치고 교실 바닥에 드러누웠다. 뒹굴다 일어나나 싶더니 교사용 의자에 앉았다. 친구들에게도 새로운 선생님에게도 아무런 관심을 보이지 않았다. 첫날도, 다음 날도 자리를 비켜주지 않았다.

"현석아, 거긴 선생님 자리인데."
"싫어!"
"선생님 잠깐만 앉고 싶은데."
"싫어. 싫어. 싫어~~~~~~!"

할 수 없이 나는 학생용 의자에 앉았고 현석이는 내 자리에 앉았다. 빙글빙글 돌아가는 의자는 현석이의 전용 놀이 기구였다. 키보드를 두들기다가 노래를 부르다가 쿵쿵거리다가… 완전히 제 마음대로다.

현석이 부모님은 장사로 바빠서 현석이를 돌볼 틈이 없다며 상담과 치료를 거부한 상태였다. 현석이는 교실에서 노는 게 심드렁해지면 교장실, 교무실, 급식실을 마음껏 돌아다녔다. 교무실에 있던 선생님들도 현석이가 오면, "오셨어요? 오늘은 기분이 어떠신가요?" 하며 반갑게 맞아주고 사탕이나 간식거리를 건넸다. 교감 선생님, 행정사 님의 목에 매달리거나, 나무에 올라가 있는 현석이를 교실로 데려오기 위해 하루에도 한두 번씩 곤혹을 치러야 했다. 그럴 때마다 선배 선생님들은 먼저 달려와 고생한다고 나를 다독였다. 그들이 내게 버팀목이 되었다.

한번은 잠깐 교무실에 간 사이에 비명 소리가 들려왔다. 교실로 달려가 보니 현석이가 교실 바닥에 소변을 보고 있었다. 시원하게 볼일을 마친 현석이는 유유히 사라졌다. 수습하려고 놀다 오라며 아이들을 운동장으로 내보냈다. 고무장갑을 끼고 바닥의 소변을 닦다가 후드득 눈물이 떨어졌다.

'내가 뭘 그렇게 잘못했는데. 난 그저 평범한 선생님이 되고 싶을 뿐이라고. 대체 나한테 왜 이러는데. 나더러 어떻게 하라고.'

어느 곳을 향해서든, 누구를 향해서든 악을 쓰고 싶었다. 주저앉아서 엉엉 울고 싶었다. 하지만 내가 할 수 있는 일은 다시 걸레를 드는 것뿐이었다. 아이들이 오기 전에 눈물을 그치고 소변을 닦아야 했으니까.

현석이는 다른 세계에 살고 있었다. 사람들과 눈도 맞추지 않았고 듣기 싫은 이야기를 들으면 괴성을 지르고 발차기를 시작했다. 기분이 좋지 않은 날에는 친구들 팔을 물거나 침을 뱉기도 했다. 다른 아이들도 차이고 물리는 데 지쳐서 백기를 들 수밖에 없었다. 한글만이라도 가르쳐서 4학년에 올려보내자던 희망찬 마음은 온데간데없이 사라졌다. 난 그저 하루하루가 무사히 지나가기만을 바랐다.

6월이 다 된 어느 날, 늦은 오후부터 부슬부슬 비가 오기 시작했다. 공문과 업무를 처리하느라 밖이 어두워진 줄도 모르고 있었다. 천둥 번개에 놀라서 주위를 둘러보다 학교에 나 혼자라는 생각에 알 수 없는 두려움이 몰려왔다. 허둥지둥 짐을 챙기다 문득 현석이가 생각났다.

어쩌면 현석이는 지금 이런 어둠 속에 있겠구나. 이렇게 무섭겠구나. 엄마, 아빠는 바빠서 늘 혼자 잠들고 깰 테니 외로울 테고, 아는 글자가 하나도 없으니 세상이 무서울 테고, 자기를 좋아하는 친구도 이해해주는 선생님도 없으니 세상이 싫을 테고.

이대로 현석이를 어둠 속에 홀로 두면 안 되겠다고, 방법을 찾아봐야겠다고 마음먹었다. 다음 날부터 현석이를 교실에 붙잡아두려고 하지 않았다. 그저 조용히 따라다니며 관찰했다. 현석이는 교장실, 교무실, 급식실을 한 바퀴 돌고 나면 운동장으로 나갔다. 화단 앞으로 가서 쪼그려 앉아 한참 무언가를 살펴보기도 했다. 주로 무리 지어 가는 개미나 거미, 지렁이 같은 것들이었다.

며칠 뒤에는 현석이가 수업 중에 나온 공룡 이야기에 관심을 보인다는 사실을 알았다. 한걸음에 서점으로 달려가서 공룡 장난감과 공룡이 나오는 그림책을 사 들고 왔다. 현석이가 책에 관심을 보일지 아닐지를 헤아리다보니 밤새 잠이 오지 않았다. 다행히 현석이는 작은 공룡 모형 장난감을 좋아했다.

"현석아, 공룡 그림책, 선생님이 너 주려고 사 온 건데 읽어줄까?"
"싫어!"
"그래? 알았어. 그럼 선생님 혼자 읽을게."

장난감을 가지고 노는 현석이 옆에서 그림책을 소리 내어 읽기 시작했다. 현석이는 아는 공룡 이름이 나오자 힐끗 쳐다보다가 그림책을 빼앗아갔다. 자기가 아는 공룡의 이름을 조잘대면서 그림책을 성큼 넘겼다.

"티나노싸우루쑤"
"와, 공룡 이름 아는구나."

현석이가 넘기는 대로 옆에서 그림책을 읽어주기 시작했다. 한 줄이든 두 줄이든 그냥 읽었다. 그림책 읽는 소리가 들리자 다른 아이들도 곁으로 다가왔다.

"선생님, 왜 현석이만 읽어줘요? 우리도 읽어주세요."

현석이의 책, 다른 아이들의 책을 번갈아 읽으며 어느덧 함께 읽기가 시작되었다. 나중에 아이들은 선생님만 혼자 읽으면 힘들겠다며, 서로 현석이에게 책을 읽어주겠다고 나섰다. 그래서 순서를 정해서 읽기로 했다. 규칙은 현석이가 책장을 넘기는 대로 따라가면서 읽는 거였다. 어느 날 승민이가 물었다.

"선생님, 우리 집에 장난감 있는데 가져와도 돼요? 현석이가 좋아할 것 같아요."

그 후 교실에는 공룡, 로봇, 블록, 인형 등 아이들이 저마다 하나둘 가져온 장난감이 모인 놀이터가 생겼다. 현석이를 위한 놀이 공간이 마련된 셈이다. 현석이는 선생님의 빙글이 의자보다 교실 한쪽 놀이터를 더 좋아하게 되었다. 그러고는 공부를 방해하기보다 놀이터에서 이런저런 놀이에 몰두했다. 심심해지면 온 학교를 돌며 마실 다니는 버릇은 여전했지만 교실 밖으로 나가는 횟수와 시간이 조금씩 줄었다.

바람이 제법 선선해졌을 때 현석이는 손가락으로 글자를 짚어가며 더듬더듬 책을 읽게 되었다. 다른 책들은 다 싫다면서 공룡 책만 너덜너덜해질 때까지 보고 또 봤다. 마치 이 세상에 책이 딱 한 권인 것처럼. 세 번의 계절이 바뀌고 첫눈을 기다릴 무렵, 현석이는 받침 없는 글자들을 조금씩 읽고 쓸 수 있게 되었다. 아이들은 현석이가 글자를 읽으면 자기 일인 양 기뻐하고 흥분했다.

"선생님, 현석이가 이 글자 읽었어요. 썼어요. 빨리 와봐요, 빨리."

기적은 멀리 있지 않았다. 현석이가 익혀가는 한 글자, 한 글자가 기적이었다.

그해 겨울, 현석이는 반 아이들과 나에게 책을 읽어주었다. 혼자 무섭고, 외롭고, 힘들었을 현석이가 자기 발로 걸어서 천천히 다가온 것이다. 할 수 있다면 현석이 담임을 계속하고 싶었지만 4년 만기가 되어 다른 학교로 발령이 났다. 다시 만나러 오겠다고 몇 번이고 약속했지만, 현석이는 우느라 눈이 퉁퉁 부어서 쳐다보지도 않았다. 그런 현석이를 두고 돌아서려니 발걸음이 떨어지지 않았다.

4학년 담임 선생님은 현석이를 더 많은 사랑과 관심으로 지도해주었다. 더구나 그분은 현석이의 담임을 계속 원해서 6학년까지 내리 3년을 현석이와 함께했다고 들었다. 그렇게 현석이는 천천히 한글을 깨치고 중학생이 되었다.

교사로 살아가면서 스스로를 힘들게 하는 것 중 하나가 '의무감'과 '책임감'이다. 학년 초가 되면 교사는 아이들과 자신의 인생이 오직 1년만 있는 것처럼 의지를 불태운다. 부푼 희망을 안고 출항하지만 예상치 못한 폭풍을 만나거나 암초에 부딪친다. 망망대해에서 전진도 후진도 못 하는 자신과 맞닥뜨리는 순간은 괴롭다. 그럴 때면 교사로서 부족한 자질을 의심하며 끝없이 자책한다.

부모도 같다. 아이가 남들과 같은 시기에 무언가를 해내야 한다는 목표를 세운다. 올해 안에 걸어야 하고, 말을 해야 하고, 한글을 읽고 써야 하고, 원하는 학교에 가야 하고, 남들이 부러워할 직업을 갖는 것. 어느 순간 계획이 삐걱거리면 부모로서 자신의 부족함을 탓한다.

시간이 지나면서 의무감과 책임감은 조급함으로 이어진다. 교사와 부모가 불안으로 재촉하고 다그치면 아이들은 몇 곱절 더 불안하고 초조해진다. 약자인 아이들은 갈등 상황에 대처할 힘이 없기에 학습에 대한 흥미와 작은 불씨마저 꺼져버릴 수도 있다.

중요한 건 아이들의 속도다. 아이들은 저마다 배우고 익히며 성장하는 속도가 다르다. 많은 이들이 어린 시절 터덕거리며 힘들어하던 읽기와 쓰기나 덧셈, 뺄셈, 곱셈을 어느 순간 자연스럽게 터득한 경험을 기억할 것이다. 차고 넘치는 임계점에 도달하는 순간은 사람마다 모두 달라 정확히 예측할 수 없을 때가 많다.

어른이 아이의 속도를 다른 아이와 비교하고 맞추려 하지 않을 때, 느슨하게 바라볼 때, 아이는 자신만의 속도로 자란다.

지금도 해마다 또 다른 현석이를 만난다. 어느 해, 한글 읽고 쓰기가 더딘 1학년 아이를 방과 후에 남겨서 지도하다 일이 생겼다. 한참 공부하다 물건을 가져오겠다며 사물함으로 향한 아이가 그 자리에 계속 서 있었다. 불러도 대답하지 않아서 가까이 가보니 아이는 사물함 안에 머리를 넣고 울고 있었다.

"태권도장 가야 해요. 늦게 가면 혼나요. 으으으."

목 놓아 우는 아이를 보면서 놀랐다. 교사로서 의무감과 책임감을 내려놓은 줄 알았는데, 어느새 다시 슬그머니 짊어진 나를 발견했다. 또 '1년 안에', '내가' 해내려는 마음이 되레 아이와의 거리를 떨어뜨리고, 아이가 학교에 오길 싫어하도록 만들었다.

그날로 부모님과 상의해서 한글 보충 공부를 그만두기로 했다. 잔뜩 움츠러들었던 아이는 다시 기운을 차리고 예전의 장난꾸러기로 돌아갔다. 멀어졌던 사제 관계도 회복할 수 있었다.

반드시 해야 하는 일이나 반드시 해야 하는 때는 처음에도, 나중에도 없다. 현석이도, 또 다른 현석이도 '1년'은 인생의 작은 점에 불과하다. 올해는 올해만큼, 다음 해, 또 다음 해에는 새로운 환경에서 주어진 시간만큼 더 자랄 수 있다.

만약 내가 현석이에게 더 많은 희망을 품었다면 어떻게 됐을까. 아이에게 원하는 반응과 결과를 기대하며 그림책을 보여주고, 다른 책도 읽자면서 같은 책을 못 보게 하거나, 더 많이 가르치려고 했다면 어떻게 됐을까. 때로는 절망보다 섣부른 희망을 경계해야 한다. 반드시 이룰 수 있다는 희망을 내려놓아야만 가능한 일도 있다.

현석이는 어떤 청소년기를 보내고 어떤 청년이 되었을까. 한 해 한 해 성장하면서 멋진 사람이 되었기를 바란다. 현석이가 어린 시절, 공룡 그림책을 읽어준 한 선생님을 어렴풋이 기억한다면 그것으로 충분하다. 나는 현석이에게 희미한 점이겠지만 현석이는 내 삶에 반짝이는 점이 되었으니.

현석이가 아니었다면 그림책을 다시 만날 수 있었을까. 해마다 만나는 아이들과 즐겁고 유쾌하게, 따뜻하고 포근하게, 시큰하고 아프게 마음을 나눌 수 있었을까. 18년 전, 한 아이를 위해 준비한 책은 내가 만나는 모든 어린이와 나를 위한 책이 되었다.

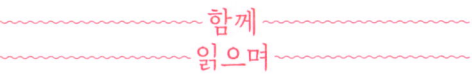
함께 읽으며

『생각하는 ㄱㄴㄷ』 __이지원 글 | 이보나 흐미엘레프스카 그림 | 논장

『들어 봐! 들리니?』 __앤 랜드 글 | 폴 랜드 그림 | 이상교 옮김 |
　　책속물고기

『한글 비가 내려요』 __김지연 | 웃는돌고래

이렇게도 해보았어요

한글 배우기를 어려워하는 아이와 함께라면

💬 아이의 흥미와 좋아하는 것을 살핀다.

💬 흥미 있는 장난감을 곁에 두고 놀아주고 읽어준다.

💬 의성어, 의태어, 반복되는 낱말이나 문장이 자주 나오는 책이 좋다. 의성어, 의태어를 소리내어 말하며 말놀이를 한다.

💬 책 한 권을 처음부터 끝까지 다 읽으려고 하지 않는다.

💬 읽어줄 때 그림을 보며 자연스럽게 대화한다.

💬 책에서 접한 글자를 생활 속에서 노출해준다.

💬 아이의 속도대로 읽는다. 책장은 아이가 넘기기, 여러 번 읽은 후에는 글자를 손으로 짚으면서 읽어주기, 따라 읽기, 소리 내서 혼자 읽기, 아이와 어른이 한 문장씩 번갈아 읽기 등을 적절하게 활용한다.

나는 구재불룽이에요

바람이 따뜻하게 느껴지고 빈 가지에 연둣빛 잎들이 하나둘 채워질 때면 괜스레 몸이 근질근질하다. 핑계를 만들어 아이들과 자주 바깥 놀이에 나선다. 교정에 봄빛이 가득하고 노란 꽃이 지천으로 피어 있다.

오늘도 무심코 지나친 길 어딘가에 피어 있을 민들레. 도로변에도, 가로수 아래에도, 낡은 지붕 위에도, 담장 밑에도 조르륵 피었을 것이다. 몸을 숙여 들여다보는 사람이 없어도 봄이 되면 민들레는 노란 꽃을 피우며 꿋꿋이 제 세상을 일군다. 지금이다.『민들레는 민들레』를 읽을 때가 왔다.

교실 창문 가득 봄 햇살이 들어오던 날, 이 책을 읽었다.

민들레 씨앗이 바람에 날아가는 그림이 그려진 하늘색 표지를 열면 민들레의 성장 과정이 시와 그림으로 담겨 있다. 싹이 튼 민들레, 잎이 난 민들레, 꽃줄기가 올라온 민들레, 꽃이 피고 지는 민들레, 씨가 맺히고 날아가는 민들레의 모든 순간이 마음을 사로잡는다. 이 모든 장면은 단 하나의 이야기를 전한다. 언제, 어느 순간에도, 어디에서도, 민들레는 민들레라는 사실을.

책을 읽은 뒤, '나는 어떤 민들레인가?'를 생각하며 손바닥만 한 포스트잇에 그림을 그리는 활동을 했다.

"저는 뿡뿡이 민들레예요. 방귀를 잘 뀌거든요."
"나는 잠꼬대 민들렌데. 엄마가 그러는데 내가 맨날 자면서 뭐라고 뭐라고 말한대."

누군가 말할 때마다 교실에 웃음이 퍼졌다. 평소에 말이 없고 목소리도 작은 아이들은 '근육 있는 민들레', '힘센 민들레'를 그렸다. 콩이 싫다는 아이는 '콩밥 싫어 민들레'를 그렸고, 입도 발도 쉴 틈 없는 아이는 '여기저기 민들레'라고 말하며 깔깔거리고 돌아다녔다. 아이들을 그저 어리게만 여겼는데 자기 모습을 잘도 알고 있구나. 어른들처럼 재지 않고, 흘끗거리지 않고 자신의 모습을 그려내는구나. 좋아하는 것, 싫어하는 것, 원하는 것을 잘도 찾는구나.

    채민이 차례가 됐다. 평소와 달리 입을 삐죽대고 머뭇거리는 게 이상했다.

"저는 구재불릉 민들레예요."
"선생님, 구재불릉이 뭐예요?"
"저번에 선생님이 읽어준 강아지똥 있잖아. 강아지똥처럼 아무짝에도 쓸모없다는 거야."

할 말을 찾는 나 대신 지영이가 일사천리로 답을 했다. 채민이도 힘주어 한 마디를 보탰다.

"쓰레기란 뜻이야."
"뭐? 쓰레기? 세상에 쓸모없는 건 없다고 했잖아. 근데 왜 니가 구재불릉이야?"
"유치원에서 들었어요. 그때부터 저는 구재불릉이에요. 엄마도 항상 나만 혼내요. 제가 맨날 말썽만 부린다고요."

    채민이가 꽉 다문 입술을 겨우 떼고 말했다. 뜨거운 불덩이 하나가 내 목구멍과 가슴을 훑고 지나갔다.

그동안 말끝마다 시시콜콜 토를 달고, 친구들을 괴상한 별명으로 부르며 낄낄거리고, 화난 친구가 똑같이 별명을 지어 말하면 거친 말과 주먹을 앞세우던 채민이의 모습이 떠올랐다. 자신은 잘못한 게 없으니 울고 있는 친구에게 사과하지 않겠다는 녀석과 씨름하면서 '그래, 또 그러는구나. 넌 그런 아이니까.'라고 속엣말을 했던 일을 들킬까봐 가슴이 두근거렸다.

겉으로 표현하지 않았을 뿐 어쩌면 나도 채민이를 '구제불능'이라 여겨온 게 아닐까. 그렇게 교사로서 책임감과 자책감에서 조금은 비껴가려고 하지 않았나. 이런 마음을 눈치챌까 싶어 뜨끔했다. 애써 태연한 척하며 채민이에게 어울리는 민들레 이름을 새로 지어주자고 아이들에게 제안했다. 아이들은 자기 이름을 지을 때보다 더 진지하게 고민했다.

"말 많이 아는 민들레 어때? 너 말 많이 알잖아."
"개구쟁이 민들레 어때? 너 장난 잘 치잖아."
"맞아. 나 개구쟁이 민들레야."

채민이의 동의를 얻어 새로 지은 이름은 개구쟁이 민들

레, 웃기는 민들레, 춤 잘 추는 민들레, 어려운 말 잘하는 민들레 등이었다. 그 사이 채민이도 이름을 다시 지어 와서 슬그머니 내밀었다.

"저는 세 시간 자는 민들레입니다. 낮잠 자면 세 시간 동안 잘 수 있어요. 또 만들기를 잘하는 민들레입니다. 레고를 잘 만들고 조립도 잘해요."

이름을 짓고 새로운 민들레로 태어난 채민이는 친구들의 박수를 받으며 볼이 발그레해졌다. 한 달쯤 지나 『치킨 마스크』를 읽어주던 날이었다.

"세상 사람들은 자신의 재능 그릇을 가지고 태어난대. 여기 봐. 올빼미는 이만큼, 햄스터는 이만큼이야. 장수풍뎅이는 힘이 세서 씨름을 잘하고, 말은 달리기를 잘하고, 개구리는 노래를 잘하는 재능 그릇이 있어. 그런데 치킨 마스크는 자기 재능 그릇이 텅 비어 있다고 생각했대."
"옛날 나 같네. 지금은 아니지만."

지나가는 말이지만 채민이가 또박또박 말했다.

어린이라고 자신의 모습을 모르는 게 아니다. 어린이도 세상 사람들이 자신을 어떻게 바라보는지 느끼며 살아간다. 그러니 예닐곱 살이던 채민이가 '구제불능'이란 말의 뜻을 단박에 알아차릴 수 있었던 거다. 모두가 자신을 그렇게 생각한다고 믿으니 더 모난 말과 행동이 튀어나왔을 거다. 자신을 그런 말 안에 가두고 살면서 얼마나 춥고 외로웠을까.

민들레처럼 홀로 겨울을 견뎠을 채민이를 미안한 만큼 자주 바라보았다. 몸과 마음을 더 많이 기울였다.

민들레 잎은 겨울의 혹독한 추위를 견디기 위해 바닥에 납작 엎드린다. 가만 보면 한껏 웅크리지 않고 잎을 펼친 채로 뿌리를 내리고 견딘다. 그런 민들레가 온 힘을 다해 꽃대를 올리고 꽃망울을 터뜨리지만, 사람들은 민들레에 관심을 두지 않는다. 여기저기 흔하게 피어 있는 키 작은 꽃일 뿐이니까. 차디찬 바닥에 엎드린 채 겨울을 견디는 민들레의 모습을 상상한다면 민들레의 모든 순간이 경이롭지만, 목련, 매화, 벚꽃, 개나리, 철쭉 같은 꽃들의 잔치 속에서 봄날을 보내느라 민들레의 존재는 잊히기 십상이다.

혹시 우리도 잊고 외면하는 건 아닐까. 어린이들이 추운 겨울을 지내는 동안 곁을 지키는 게 교사와 보호자의 몫이라는 사실을. 긴 겨울을 보내고 새싹을 내밀고 잎과 꽃을 피우기를 기다리며 축하해주는 것, 먼 길을 떠날 때 넓은 세상으로 잘 가라고 응원하는 것, 그게 어른의 역할임을.

내가 그러했듯 어른의 역할을 잘못 이해한 어른들은 자신이 세운 기준으로 어린이의 잘잘못을 판단하고 가르치려고 한다. 그래야 강인하게 살아남아서 꽃을 피울 수 있다고 믿는다. 또 가능하면 수수한 민들레보다는 화려한 장미와 벚꽃처럼 살기를 바란다.

많은 교사와 보호자 들이 어떤 아이가 규칙에 순응하지 않고 문제를 만들 때, 반대편 어린이나 형제자매의 마음을 헤아려주는 데 집중한다. 그러나 어른들이 판단자가 아닌 관찰자가 되어 문제가 된 원인을 좀 더 들여다보면 어떨까. 아이가 왜 그런 행동을 하는지 지켜보고 대화하면 어떨까.

'구제불릉' 채민이가 유머가 넘치고 춤도 잘 추고 만들기도 잘하는 재능이 많은 민들레라는 걸 친구들이 찾아주고 스스로 찾아냈듯이. 튀어나온 뾰족함에 가려진 좋은 점과 가능성을 찾아주는 것이야말로 어른이 해야 할 일이다. 어린이의 좋은 씨앗이 싹을 틔울 수 있도록.

어른의 따뜻한 지지와 다독임이 있을 때 어린이는 비로소 안심하고 맘껏 자랄 수 있다. 자신이 원하고 만드는 모습대로 살아가려는 용기와 힘을 얻는다. 세상을 향해 '나는 구제불능이 아니에요.'라고 당당하게 말할 수도 있고, 자신처럼 스스로를 구제불능이라 여기는 누군가에게 먼저 손 내밀 수도 있을 것이다.

낮게 자라는 민들레가 성장해서 먼 하늘을 날 수 있는 것처럼, 어디라도 단단히 뿌리내리는 것처럼. 채민이도 '나'라는 존재는 세상이 정의해주는 게 아니라 내가 찾아가고 정한다는 사실을 알았을 것이다. 살아가는 그 모든 순간이 '나'이기에, 그러니 오늘도 당당하고 꿋꿋하게. 민들레는 민들레로.

함께 읽으며

『민들레는 민들레』__김장성 글 | 오현경 그림 | 이야기꽃

『치킨 마스크』__우쓰기 미호 | 장지현 옮김 | 책읽는곰

『난 그냥 나야』__김규정 | 바람의아이들

『내가 나를 골랐어!』__노부미 | 황진희 옮김 | 위즈덤하우스

이렇게도 해보았어요

💬 아이들과 교정에 핀 민들레를 찾아다닌다. 혼자인지 둘인지 여럿인지 살펴보고 민들레 씨를 날려본다.

💬 민들레 사진을 찍고 사진전을 연다.

💬 민들레가 겨울을 나는 이야기, 여행을 떠나는 이야기를 상상해보고 책으로 제작한다.

💬 '민들레는 민들레'를 '○○이는 ○○이'라는 시 혹은 일기로 쓰며 내가 누구인지 정의한다.

나팔꽃이
천장까지 올라갔어요

　1학년 영주는 유난히 눈동자가 까맣고 속눈썹이 길었다. 허리까지 기른 길고 풍성한 머리카락을 가지런히 묶거나 땋을 때가 많았고 옷도 단정하게 입었다. 출근 준비로 바쁠 시간이지만 아이를 예쁘게 꾸며 보내고 싶은 영주 어머니의 사랑이 보였다. 영주는 엄마의 이른 출근길에 함께 집을 나서서 학교에 제일 먼저 오곤 했다.

　영주는 말이 없었다. 단 한 마디도 없었다. 혼자 있을 때, 여럿이 있을 때 말을 걸어보면 말똥말똥한 눈으로 쳐다보기만 했다. 친구가 같이 놀자고 할 때도 수줍어하며 웃는 게 전부다. 그마저도 같이 노는 게 아니라 친구들의 놀이를 구경할 뿐이었다.

교사로 내가 할 일은 영주가 마음을 열 때까지, 스스로 참여할 때까지 천천히, 오래 기다리는 일이라고 생각했다. 수업 시간에 영주는 커다란 눈동자로 나를 보았지만 입은 꾹 다물고 있었다. 한글의 자음, 모음을 익히거나 수학 공부를 할 때도 가만히 있었다. 몇 번이고 알려주며 문제를 풀어보라고 권해도 연필만 들고 있거나, 쓰기를 시작하려다가도 이내 멈췄다.

다행히 노래를 부르거나 율동을 할 때는 조금씩 따라 하기도 했지만, 학습뿐 아니라 다른 아이들이 즐거워하는 그리기마저 영주에게는 두터운 벽이었다. 연필을 꽉 쥐고 한자리에 수없이 점만 찍었다. 해보자고 몇 번 이야기하면 도화지 위로 눈물이 뚝뚝 떨어졌다. 웃는 얼굴, 봄 동산, 좋아하는 꽃, 그 어떤 것도 점 이상의 것이 되지 않았다.

어느 날은 동그라미를 그려주고 눈, 코, 입을 그려보자고 하고, 꽃을 그려주고 잎만 그려보자고 했다. 친구랑 같이 해보자고도 권했다. 되도록 부드럽게 말했고 서두르지 않았다. 둘이 앉아서 혼자 묻고 답하고, 차를 마시고, 책을 읽어주거나 자석 놀이, 블록 놀이도 하고 무엇이든 시도해보았다.

학교에 입학한 지 두 달이 지났지만, 영주는 여전히 말이 없었다. 묻는 말에 고개를 끄덕이거나 젓지도 않았다. 어느덧 아이를 천천히 기다리겠다는 마음은 희미해져 나는 길고 어두운 터널 속에서 길을 잃었다. 영주의 부모님은 아이가 집에서도 말이 없고 혼자서 그림만 그린다며 영주를 그냥 두면 좋겠다고 했다.

하지만 그럴 수 없었다. 학교 안팎의 놀이 상담, 학습 코칭 참여 등 선생인 나는 무언가를 해야만 했다. 학교에서 해야 하는 일이 늘어나자 영주는 자주 오줌을 쌌다. 복도에서, 화장실 앞에서. 닦고 씻기고 입히고를 반복했고, 어떤 때는 오줌을 싼 옷이 거의 마르고 나서야 알아차리기도 했다.

6월이 되니 조바심이 났다. 1학기가 한 달밖에 남지 않았는데 변화가 없으면 어쩌나. 급한 마음이 저만치 앞질러 가버린 날, 결국 영주에게 큰 소리를 내고 말았다.

"대체 왜 안 하는데, 왜? 하나만, 동그라미 하나만 그려보자고. 응?"

꼼짝도 하지 않으려는 영주의 힘과 어떻게든 움직이려는 내 힘이 맞섰다. 정신을 차려보니 종이에는 눈물과 연필선이 섞인 비뚤어진 모양 하나가 그려져 있었다. 지금도 그날을 떠올리면 얼굴이 화끈거린다. 오래 기다리는 게 교사의 일이라 말하면서 나는 기다림의 유통 기한을 정해두고 있었던 거다.

『가만히 들어주었어』라는 책은 영주와 헤어진 후에 만났다. 만약 내가 이 책을 일찍 만났더라면 영주를 더 기다릴 수 있었을까.

주인공인 테일러라는 아이는 뭔가 새롭고 특별하고 놀라운 걸 만들기로 마음먹었다. 혼자서 성을 완성한 테일러는 양손을 허리에 얹고 서서 뿌듯하게 바라본다. 그때 난데없이 새들이 날아와서 멋진 성을 한순간에 무너뜨린다. 그 모습을 보고 놀란 닭이 꼬꼬댁거리며 어떻게 된 일인지 말해보라고 다그친다. 다른 동물들은 소리를 지르라고 하거나 성을 고쳐주겠다고 한다. 대수롭지 않게 여기거나 모르는 척하라고, 싹 치워버리라고 말한다. 심지어 다른 친구들 것을 무너뜨리자며 은밀하게 제안한다.

각자의 방식대로 내놓은 의견들은 테일러의 문제를 해결해주고 돕고 싶어서 노력한 마음이다. 하지만 테일러는 그중 어떤 것도 하고 싶지 않았다. 아무 반응이 없자 동물들은 테일러만 남겨두고 모두 떠나버린다. 그러다 토끼가 조금씩 다가온다. 테일러가 알아차리지 못할 만큼, 테일러가 따뜻한 체온을 느낄 때까지 천천히 다가온다. 둘은 그렇게 말 없이 앉아 있는다. 한참 후에 테일러는 그동안 있었던 일을 모두 이야기하고 토끼는 가만히 듣는다.

이 책을 읽는 내내 영주가 생각났다. 나는 내 방식으로 이해하고 위로하려는 다른 동물들 같았구나. 누군가를 진심으로 생각한다면 내 방식이 아니라 상대방이 원하는 방식이 무엇인지 알아야 했는데 그러지 않았던 거다. 그래서 지금까지도 영주가 왜 그렇게 행동했는지 알 수 없다.

영주의 손을 억지로 쥐고 비뚤어진 동그라미를 그린 날, 빨개진 아이의 손을 보고 얼마나 미안했는지 모른다. 미안하다고 말하고 후회하며, 부끄러운 마음을 애써 물리고 처음으로 돌아갔다. 영주가 스스로 마음을 열 때까지 가만히 기다리겠다던 순간으로. 다시 기다리기. 할 수 있는 일이 그것밖에 없지만 할 수 있는 일이 하나라도 있어서 다행이었다. 대답 없는 영주에게 말을 걸고 혼자 답하는 일상으로 돌아왔다. 달라진 건 없었지만 이상하게 그 상황이 편안해졌다.

초여름 어느 날, 교실에는 늦은 봄에 심은 나팔꽃 줄기가 줄을 감으며 높이 올라가고 연보라색 꽃을 피우기 시작했다. 여덟 살 아이들은 나팔꽃 한 송이 한 송이에 환호했다.

영주도 나팔꽃을 보고 있었다. 눈이 마주친 우리는 웃었다. 다음 날도, 그다음 날도 언제나처럼 제일 먼저 학교에 온 영주는 나팔꽃을 보고 있었다. 나도 가만히 곁에 가서 나팔꽃을 바라보았다. 하나, 둘, 셋… 수를 셌다. 그날도 나팔꽃을 다 세고 나서 말했다.

"영주야, 나팔꽃이 어디까지 올라갔지? 천…"
"천장이요."

영주가 답했다. 나는 꿈꾸듯 다시 물었고 영주는 거듭 대답해주었다.

"천장이요."

목이 메어서 아무 말도 못하고 영주를 꼭 끌어안았다. '고맙다. 고맙다. 영주야.' 울음이 터지고야 알았다. 영주가 끝까지 말하지 않을까봐 얼마나 두려웠는지. 아이를 믿는다면서 얼마나 불안했었는지. 나는 겁쟁이였고 나약했다. 두려웠던 만큼, 불안했던 만큼, 안도하는 만큼 눈물이 흘렀다. 어른이어서 교사라서, 강한 척하고 두려움을 감추며 참 힘들었구나. 세상으로 한 걸음 내딛은 영주에게 고마웠다. 나 자신도 애썼다고 오래 다독여주었다.

교직 생활에서 얻은 중요한 깨달음을 묻는다면 망설임 없이 말할 수 있다. 교사와 부모의 다른 이름은 '기다리는 사람'이라고. 하지만 어른이 때와 방법을 정하는 순간, 기다림은 어린이에게 위협이 될 수도 있다. 내가 이렇게 널 생각하는데, 이렇게 참고 있는데, 이렇게 노력하는데 너는 왜 변하지 않는 거니? 대체 언제까지 기다려야 하는 거니? '참기'를 '기다리기'로 착각하며 스스로 정해둔 때를 넘기면 참아온 시간만큼 분노를 돌려주기도 한다.

어린이에게 가려면 내 방식은 내려두고 어린이의 방식을 택해야 한다. 가는 길이 쉬운 아이도 있고, 먼저 달려와서 덥석 안기는 아이도 있지만, 영주처럼 한 치 앞이 보이지 않는 아이도 있다.

『가만히 들어주었어』 속 테일러의 무너진 성처럼 어린이들은 크고 작은 실패와 좌절을 겪는다. 기대하고 노력한 만큼 절망감도 크게 느낀다. 이럴 때 어떤 교사와 부모는 구급차가 되어 신호도 무시하고 과속으로 달리며 위험천만하게 출동한다. 흔히 아이들이 학습이나 친구 관계에 어려움을 겪을 때 벌어지는 일이다.

학교에 입학했을 때 혹은 새 학년이 되어서 다른 아이들보다 공부가 뒤처지거나 친구 관계에 어려움을 느낀다고 생각하면 부모는 서둘러 해결책을 동원한다. 아이의 의사와 관계없이 학원과 학습지를 늘리거나, 어려움을 느끼는 상대방 아이를 지도해달라고 교사에게 요청한다. 아이가 실패와 좌절을 스스로 견딜 수 있게 해야 하는데 정작 부모부터 견디지 못한다.

그러나 때때로 아무것도 하지 않는 것이 어른의 역할일 때가 있다. 테일러의 곁에 앉아 있었던 토끼처럼 말이다.

"그 사람이 진정으로 원하는 게 무엇인지를 들어주는 것은 그 사람의 '때'에 그 사람의 '방식'으로 들어주는 것이다."

『가만히 들어주었어』를 옮긴 신혜은 작가의 말이다. 아이든 어른이든 사람은 각각 다르기에 실패와 절망을 건너는 때와 방식도, 다시 일어서는 때와 방식도 각자 다르다. 어쩌면 나의 조바심과 무관하게 영주도 자신의 때가 되어서 말을 하고, 글씨를 쓰고 그림을 그리고 세상을 향해 나왔을지도 모른다. 아이들은 자신이 원하고 납득하는 때가 되면 스스로 길을 찾는다.

그 후 영주는 말문을 열었다. 고개를 끄덕이거나 대답을 했고 한글도 빠르게 익혔다. 그동안 아무것도 하지 않은 게 아니라 배우고 있었던 거다. 밖으로 표현하기가 두려웠을 뿐. 다른 아이들이 하는 학습의 절반 정도를 소화했고 깨끗하던 영주의 책은 무언가로 채워졌다. 그림도 그리기 시작했다. 친구들보다 한 시간쯤 더 걸려서 완성하지만 영주의 그림을 보려고 아이들이 몰려들곤 했다. 한 자리에 점만 찍던 영주가 사각사각 연필을 움직여 밑그림을 그리고 꼼꼼하게 색칠을 해서 멋진 그림을 내놓는 건 모두에게 놀라운 경험이었다.

2학기가 되어서 아이들과 산책이나 바깥 놀이를 한 날이면 시를 썼다. 영주는 다른 아이들보다 한참이 지난 후에 시를 쓰기 시작했다. 어느 날, 영주가 수줍게 내민 공책에는 또박또박 쓴 글씨로 '나팔꽃'이란 시가 쓰여 있었다.

우리 반 나팔꽃이
천장까지 올라갔어요.

영주의 '때'가 글로 남았다. 그 애는 모르지만 영주가 내게 준 귀한 선물이다. 교사로, 부모로 기다리는 일이 일상인 삶을 살아가며, 가끔 버거운 날이면 그해 아이들과 출판한 시집을 펼치고 영주의 시를 몇 번이고 읽는다. 우리가 함께 만난 나팔꽃 그림을 오래오래 들여다본다.

~~~~~~ 함께 ~~~~~~
~~~~~~ 읽으며 ~~~~~~

『가만히 들어주었어』__코리 도어펠드 | 신혜은 옮김 | 북뱅크

『내 마음, 들어 보세요』__카트린 게겐 글 | 레자 달반드 그림 |
　윤경희 옮김 | 창비교육

『요술쟁이 젤리 할머니』__크리스텔 발라 글 | 스테파니 오귀소 그림 |
　정미애 옮김 | 다림

~~~~~~ 이렇게도 ~~~~~~
~~~~~~ 해보았어요 ~~~~~~

아이들과 아래와 같은 이야기를 나누고,
가만히 들어준다

💬 내 이야기를 들어주는 사람이 있나요?

💬 부모님이나 친구들, 선생님이 내 말을 들어주지 않아서 속상했던 때가 있나요?

💬 속상할 때는 어떻게 하나요?

💬 어떻게 하면 속상한 마음이 풀어지나요?

💬 힘들어하는 친구나 가족이 있다면 어떻게 해주고 싶은가요?

너는
어느 별에서 왔니?

　신규 교사 딱지를 겨우 뗄 무렵이던 교직 5년 차에 선우를 만났다. 아홉 살 선우는 또래보다 키도 크고 덩치도 한참 컸다. 친구들과 있으면 형과 동생들처럼 보였다. 선우에게는 자폐증이 있어서 언어 발달과 사회적 의사소통이 어려웠다.
　어릴 적 선우는 눈 맞춤이 늦고 때가 지나도 엄마, 아빠를 부르지 않았을 거다. 부모님은 그저 조금 늦나보다 생각하다 전문의를 찾아갔을 거고, 자폐라는 말에 많은 낮과 밤을 울며 보냈을 것이다. 원인을 찾다 자신들을 탓하며 수없이 마음을 후벼팠을지 모른다. '왜 우리 아이에게, 왜 우리에게 이런 일이 생겼을까?' 삶을 향해 원망을 쏟고 두려움으로 가득한 세상과 마주해야 했을 거다. 얼마나 힘들었을지 조금 가늠해볼 뿐이다.

많은 고민 끝에 선우의 부모님은 아이를 특수 학교나 일반 학교의 통합 학급에 보내지 않고 일반 학급에 보내기로 결정했다. 일반 학교에서도 아이가 특수 판정을 받으면 특수 교사가 도움반에서 적절한 개별화 교육을 하고, 통합 학급에서 다른 아이들과 사회적 관계를 맺을 수 있다. 하지만 선우 부모님은 2년째 일반 학급을 희망했다. 어떤 선택이든 힘들었을 마음이 헤아려졌다.

선우를 친구들에게 처음 소개하던 날, 다른 아이들과 선우보다 내가 더 떨었던 기억이 난다.

"선우는 생각 주머니를 천천히 채워가는 친구예요. 선우가 생각 주머니를 채워갈 수 있도록 도와주면 좋겠어요."
"선우는 말을 하나도 못해요?"
"그럼 어떻게 도와줘요?"
"말은 잘 못하지만 여러분이 하는 말을 조금 이해할 수 있어요. 우리가 어떤 도움을 주면 좋을까요?"

1학년 때 선우와 같은 반이었던 친구들이 대답하기 시

작했다. 수업 시간 알리기, 줄 서기, 급식 받기, 놀이하기, 하교 등 선우를 도울 상황이 쏟아졌다. 서로 도우미가 되겠다고 손을 번쩍 들었다. 누구나 도와줄 수 있다고 설명했지만, 도우미라는 이름을 받지 못한 아이들의 마음은 금방 펴지지 않았다. 어린이의 속성이 "정직함과 계산하지 않는 마음과 동정심이며 어른들이 잃어버린 가장 사람다운 마음의 본바탕"이라는 이오덕 선생님의 말씀이 떠올랐다.

아이들은 정말 기꺼이 선우를 보살펴주고 싶어했다. 이때 나는 선우를 저편에 세워두고 이편의 아이들이 도와주어야 할 존재로 여겼다. 돌아보니 장애가 있는 친구는 무조건적인 도움이 필요하다는 편견을 심어주는 데 아이들의 본성을 이용한 꼴이 되었다.

자기 맘대로 하려고 짜증을 내던 선우는 점점 친구들에게 자신을 맡겨왔다. 아이들은 교과서 펴는 걸 알려주는 대신 직접 펼쳐주고, 신발을 신지 않으려고 선우가 도망가면 쫓아가서 신겨주었다. 놀이하는 방법을 설명하는 대신 손을 이끌고 뛰었다. 선우는 무엇을 하는지도 모르고 끌려다녔다. 집에 갈 때는 조를 정해서 아파트 정문까지 데려다주었다. 아이들은 날마다 최선을 다해서 선우를 도왔고 기쁨의 주머니는 날로 커졌다. 하지만 선우의 감정이 어떤지는 나도 아이들도 궁금해하지 않았다.

하루는 선우 어머니의 마중이 늦어서 기다리는데 갑자기 선우가 화단 위 높은 곳으로 올라갔단다. 발을 헛디뎌 굴러떨어진 선우는 머리를 다쳐서 여러 바늘을 꿰맸다. 다음날부터 선우 어머니는 학교까지 마중을 나왔고 1층 계단에서 아이들과 헤어졌다.

그 사건 이후, 지금 하는 행동들이 진정 선우를 위한 일인지 들여다보았다. 선우를 돕는다고 믿었던 일들이 되레 선우의 성장을 막고 있었다. 선우는 멈추거나 뒷걸음쳤던 거다. 아이들은 다름에 공감하는 대신 동정심을 가졌고 장애를 불완전하고 부족함으로 인식했다.

뒤늦게 내 잘못을 알고 안절부절못했지만, 질끈 눈을 감아버렸다. 앞으로 남은 한두 달 동안 모든 것을 바꿀 자신도 의지도 없었다. 최선을 다해왔다고 스스로 두둔하며 남은 날들이 무사히 흘러가기만 기다렸다. 선우는 3학년 때도 일반 학급에서 지냈지만, 4학년이 되어서는 특수 진단을 받고 필요한 교육을 받기 시작했다는 소식을 들었다. 새로운 선택이란 용기를 낸 선우 부모님이 고마웠고 나도 한결 가벼운 숨을 쉴 수 있었다.

그 후에도 일반 학급에서, 통합 학급에서 비슷한 어려

움을 겪는 아이들을 만났다. 1학년 준형이는 선우와 비슷했다. 자폐증이 있었고 말을 하지 못했다. 준형이는 하루의 절반은 도움반에서 특수 선생님과 공부했고 절반은 통합반에서 아이들과 함께 지냈다. 역시 아이들은 준형이를 도와주고 싶어했다.

나는 무엇을 어떻게 도와주어야 할지 준형이와 지내면서 알아보자고 제안했다. 준형이가 좋아하는 것, 싫어하는 것, 혼자 할 수 있는 일, 도움을 받아야 할 수 있는 일들을 관찰했다.

깔끔한 준형이는 정리를 잘했고 물건들이 제자리에 놓여 있어야 안심했다. 좋을 때는 팔짝팔짝 뛰며 웃었고 싫으면 소리를 지르고 친구들을 밀치거나 넘어뜨렸다. 쉬는 시간에는 복도를 한 바퀴 뛰었고 체육관에 가면 무대의 커튼에 매달려 떨어지지 않으려고 했다. 급식 시간마다 손으로 고기만 먹으려는 준형이와 젓가락으로 채소도 먹게 하려는 도움반 선생님이 씨름하는 걸 지켜봤다. 준형이는 글씨를 잘 썼다. 그때 교실에 한글을 읽고 쓸 수 있는 아이가 서너 명뿐이어서 반듯반듯하게 글씨를 쓰는 준형이는 부러움의 대상이었다.

예전에 선우와 함께했을 때는 모든 면을 선우에게 집중

했다. 한 사람에게 노력과 시간, 정성을 기울인 만큼 상대적으로 다른 아이들에게는 힘을 쏟을 수 없었다.

"선생님, 저는 선우가 제일 부러웠어요."
"왜?"
"선생님 사랑을 혼자 많이 받았잖아요."

2학년을 마치는 날, 마지막으로 하고 싶은 말을 나누는데 자현이가 말했다. 기울어진 살얼음판 위에서 위태롭게 서 있던 나는 결국 중심을 잃고 차가운 물에 빠졌다.

"그렇게 느꼈구나. 선생님은 너도, 우리 반 아이들 모두를 똑같이 사랑하는데. 선우를 많이 도와주다보니 친구들이 그렇게 느꼈을 수도 있었겠다. 미안해."

물속에서 허우적대며 내가 아이들에게 상처를 주었다는 사실을 깨달았다. 그 사실을 극복하려 노력한 까닭은 또 다른 선우를 계속 만났기 때문이다. 다행히 시간이 조금 더 흘러 만난 준형이는 특별한 아이가 아니라 그냥 우리 반 아이 중 하나로 볼 수 있었다. 다른 아이들보다 생각 주머니가 작지 않은 오롯한 한 존재로.

"우리는 모두 마음속에 커다란 주머니를 가지고 있어요. 커다란 주머니는 여러 작은 주머니들로 채워져 있어요. 웃음과 즐거움 주머니, 눈물과 슬픔 주머니, 걱정이나 화가 담긴 주머니, 말 주머니, 공부 주머니, 운동, 노래나 춤 주머니처럼 많은 주머니가 있어요. 모든 주머니가 모여서 내가 되는 거예요. 주머니들은 사람마다 크기도, 모양도, 색깔도 다양해요. 어떤 친구는 말 주머니가 크고 어떤 친구는 눈물과 슬픔 주머니가 클 수도 있어요. 그래서 나와 다른 생각과 행동을 할 수 있어요. 만약 우리가 똑같이 생기고 똑같은 생각과 말을 하는 사람들이었다면 어떨까요?"

"다 똑같아서 재미없을 것 같아요."

"그럼 우리가 달라서 좋은 거네요."

"맞아요. 다르다는 건 모두가 특별하고 다양하다는 뜻이에요."

특별하고 다양하게 태어난 우리는 타인과 비슷해지고 싶어한다. 외모, 학력, 직장, 자동차와 집, 취미 등에서 다른 사람과 닮아가기를 원한다. 주식 열풍, 명품과 값비싼 브랜드를 선호하는 것, 유행하는 게임과 놀잇감 같은 걸 보면 알 수 있다. 같은 행동을 하고 같은 물건을 가지면 동질감을 느끼며 안정감이 생긴다. 그렇지 않은 사람들을 밀어내려고 한다.

부모와 교사의 경우도 그렇다. 장난을 좋아하고, 규칙을 지키지 않고, 마음대로 말하고 행동하는 아이들의 다른 점이 먼저 눈에 들어온다. 마음을 다잡고 노력하지 않으면 그 다양성을 이해하고 포용하기보다 불편하고 부족하게 여기게 된다.

『어린이라는 세계』에서 김소영 작가는 "개성을 '고유성'으로 바꾸어 생각하면서 나는 세상에 얼마나 다양한 사람들이 살고 있는지 비로소 깨달았다."고 말한다. '다양하다'는 말은 '무한하다'에 가깝다는 그의 말에 깊이 공감한다. 다름은 다양함이며 고유함이다. 무한한 고유함이 만나서 어울리고 배울 때 내 모습을 찾아가고 더 나은 모습도 될 수 있다.

그래서 준형이를 만나고 준형이의 다양한 면모를 알기 위해 노력하는 기회가 특별했다. 다름을 강조하지 않으며 서로가 가진 다양성을 탐험할 수 있었으니까. 아이들과도 일상에서 친구와 내가 달라서 궁금한 점, 좋은 점, 특별한 점을 찾는 연습을 했다. 아이들은 준형이에 대해 알고부터는 도움이 필요한 상황에서 먼저 물었다. 예를 들면 국어 시간에 먼저 책을 준비한 아이가 이렇게 말하는 거다.

"준형아, 다음 시간은 국어야. 책상 서랍에서 국어책을 꺼내야 해. 도와줄까?"

준형이는 고개를 끄덕이거나 흔들며 의사를 표현했다. 아이들은 필요 이상의 도움을 주지 않기로 약속했기에, 준형이가 싫다고 하면 잘 못해도 오래 걸려도 기다렸다. 준형이는 도움반에서 특수 선생님과 공부하면서 조금씩 말문이 트였고, 통합반에서는 아이들과 어울리며 사회적 관계를 경험했다.

갈수록 준형이는 도움받는 일이 줄고 스스로 할 수 있는 일이 늘었다. 가을에는 낱말 수준의 말과 반향어를 표현할 수 있게 되었다. "국어책", "필요해"라고 따라 말하면서 책을 꺼냈다. 준형이의 말이 늘어가는 것은 아이들의 기쁨이고 자랑이었다. "놀자", "가자"라고 말하며 손을 잡고 놀러 나섰다. 준형이가 놀이 규칙을 다 이해하지는 못했지만 그래도

서로 즐거워했다.

준형이와 아이들은 통합 학급이 다름을 경험하며 서로 사회적 관계 맺기를 배울 수 있는 좋은 공간이 될 수 있음을 보여주었다. 아이들은 장애를 동정하지 않았고 고유함과 다양함으로 인식했다. 이런 아이들이라면 앞으로 만날 수많은 다름을 혐오의 시각에서 보지 않고, 비난과 공격의 대상으로도 여기지 않을 테다. 우리 사회는 다양한 목소리와 모습이 존중받는 자유롭고 건강한 사회가 될 것이다.

22년 동안 만난 아이들을 떠올려보면 똑같은 아이는 단 한 명도 없었다. 비슷한 점이 있기도 했지만 아이들은 내가 만난 수만큼 각각 달랐다.

『다다다 다른 별 학교』의 이야기처럼 아이들이 다다다 다른 별에서 왔기 때문이다. 뭐든지 계획대로 움직이는 나는 반듯반듯 별에서, 온갖 게 뒤엉켜서 엉망진창인 나는 뒤죽박죽 별에서 왔다. 걱정이 가득한 나는 두근두근 별에서 왔고, 개구쟁이 나는 장난쳐 별에서 왔다. 시도 때도 없이 눈물이 많은 나는 눈물 나 별에서, 호기심 많은 나는 물음표 별에서 왔다.

뒤죽박죽 별이나 장난쳐 별에서 온 아이가 반듯반듯해지기를 바란다면, 물음표 별 아이의 질문을 귀찮아한다면,

눈물 나 별에서 온 아이에게 그만 좀 울라며 다그친다면, 어린이들은 자기 별로 돌아가 꽁꽁 숨어 지낼지도 모른다.

다다다 다른 별에서 온 어린이들을 우리 어른들이 다 같은 어린이로 만들고 있는 건 아닌지, 다양성을 인정하고 존중하는지 살펴볼 일이다. 어린이가 자신의 별을 사랑할 수 있기를, 당당하게 말할 수 있기를 바란다. 그러면 다다다 다른 어른이 되어 다다다 다른 인생을 살아가리라. 너와 내가 달라서 궁금하고 재미있는 그런 인생을.

함께 읽으며

『다다다 다른 별 학교』__윤진현 | 천개의바람

『나는요,』__김희경 | 여유당

『나는 강물처럼 말해요』__조던 스콧 글 | 시드니 스미스 그림 | 김지은 옮김 | 책읽는곰

이렇게도 해보았어요

💬 나는 어느 별에서 왔는지, 자신의 별을 소개한다.

💬 친구들이 온 별의 이야기를 듣는다.

💬 나와 친구의 비슷한 점과 다른 점, 서로의 다양성을 이야기한다.

💬 달라서 불편한 점 혹은 달라서 좋은 점에 대한 대화를 나눈다.

💬 가보고 싶은 별과 이유를 이야기한다.

흥·얼·거·리·다

가슴이 콩닥콩닥해요

교실 문밖에 찬이가 서 있었다. 고개를 떨구고 훌쩍이던 찬이는 나를 보더니 더 서럽게 울기 시작했다. 땀과 눈물이 섞여 뚝뚝 떨어지고 손에 쥔 꽃다발이 흔들렸다. 가만 보니 하늘색 셔츠 위에 두툼한 겨울 조끼를 입고 있었다. 햇볕이 따가운 5월 날씨에는 적합하지 않았지만, 아마 찬이 스스로 가장 멋지다고 생각한 옷이었을 거다.

어떻게 된 일인지 물으니, 찬이는 등굣길에 어제 봐둔 꽃밭에서 노란 꽃을 꺾었단다. 꽃다발을 만들고 묶느라고 등교도 늦었는데, 미영이가 그 꽃을 안 받아주었단다. 교실 밖에서 아무리 불러도 안 나온단다. 찬이를 다독이고 미영이에게 물었다.

"미영아, 찬이가 주는 꽃 안 받고 싶어?"
"아…니요."
"그럼 왜 안 나왔어?"
"애들이 놀려서요. 프러포즈 받는 거라고. 꽃 받으면 결혼해야 한다고…."
"그랬구나."

떠오르는 책이 있어서 아이들 모두를 불러 빙 둘러앉혔다. 『가슴이 콩닥콩닥』이라는 책이었다. 아이들은 표지를 보자마자 볼이 발그레한 여자아이가 사랑에 빠진 거라고 말했다. 가슴에서 하트가 나오는 그림을 보고 하는 말이었다.

주인공 여자아이는 어느 날부터 가슴이 콩닥콩닥한다. 밥 먹을 때도, 이 닦을 때도, 학교 갈 때도, 공부할 때도 그렇다. 병에 걸린 것 같아서 병원에 가봤지만, 의사 선생님은 아무 이상이 없다고 한다. 이상하게 그 아이만 보면 얼굴이 빨개지고, 그 아이가 웃으면 덩달아 웃음이 나고, 맛있는 건 나눠 먹고 싶고, 손을 잡고 걷고 싶고, 항상 지켜주고 싶다.

아이들에게 비슷한 경험을 한 적이 있는지 물었다. 첫사랑 이야기와 숨겨둔 사랑을 고백하는 장이 펼쳐졌다. 대부분 어린이집과 유치원에서 같은 반 친구를 좋아한 적이 있다고 답했다. 이런저런 이야기를 나누다 지금 미영이와 찬이가 어떤 마음일지 다른 아이들에게 물었다. 찬이는 미영이가 꽃을 받아주지 않아서, 미영이는 친구들이 놀려서 속상했을 것 같다는 답이 돌아왔다. 친구들이 마음을 알아주자 찬이는 힘을 얻은 듯했고 미영이도 더 이상 고개를 떨구지 않았다.

미영이에게 다시 물어보니 찬이가 주는 꽃을 받고 싶다고 대답했다. 꽤 오랜 시간 정성껏 만든 들꽃다발은 주인을 찾아갔고, 미영이는 걱정하던 놀림 대신 축하를 받았다.

다음 날 점심시간에는 찬이가 헐레벌떡 뛰어오더니 미영이에게 받은 사탕꽃을 자랑했다. 그러고는 하루 종일 몽글몽글한 구름 위에서 떠다니며 땅으로 내려올 줄을 몰랐다.

며칠 뒤 짝꿍을 소개하는 시간이었다. 찬이 짝이 찬이를 인터뷰해서 소개하는 글을 하나씩 읽을 때마다 환호성이 터져 나왔다.

✦ 내 짝 찬이가 좋아하는 색은 미영이가 좋아하는 빨강입니다.

- ✦ 내 짝 찬이가 좋아하는 음식은 미영이가 좋아하는 빵입니다.
- ✦ 내 짝 찬이가 좋아하는 소리는 미영이 웃는 소리입니다.
- ✦ 내 짝 찬이가 가고 싶은 곳은 미영이와 함께 가는 에버랜드입니다.
- ✦ 내 짝 찬이가 잘하는 것은 미영이가 위험할 때 지키는 것입니다.
- ✦ 내 짝 찬이가 고치고 싶은 것은 미영이의 마음입니다.
- ✦ 내 짝 찬이의 꿈은 미영이를 지키는 기사가 되는 겁니다.

찬이의 인터뷰는 어린이가 얼마나 자신의 감정에 솔직한지 보여준다. 기쁨, 즐거움, 고마움, 미안함, 불안, 사랑, 미움, 화, 슬픔…. 어떤 감정은 좋은 거고 어떤 감정은 나쁘다면서 가르거나 그 우위와 경중을 따질 수 없다.

어린이의 시기에 감정을 표현하는 방법을 배우고 익히는 것은 매우 중요하다. 어른이 먼저 건강하게 감정을 표현하는 법을 보여주는 게 좋은 교육이다. 어린이가 자신이 느끼는 감정에 죄책감을 갖는 지점 혹은 반대로 타인을 향한 공격으로 이어지는 지점은 주의 깊게 살펴야 한다.

'화'라는 감정이 나쁘다고 인식하는 사람은 화를 표출

하면서 죄책감을 느끼거나 꾹꾹 눌러 담으려고만 한다. 나는 교실에서 아이들이 화가 나서, 억울해서, 속상해서 울먹이면, 울고 싶은 만큼 실컷 울라고 말한다. 울고 싶은데 자꾸 울지 말라 하면 '슬픔'과 '화'는 좋지 않은 감정이라는 생각이 싹틀 테니 말이다.

"뭐 그런 걸 가지고 울어?"
"그게 울 일이야?"
"그만해라."

어린이는 다른 사람의 말 때문에 상처가 덧나거나 깊어지기도 하고, 자신이 들은 말을 타인을 향해 되돌리기도 한다. 나 아닌 다른 사람을 화풀이 대상으로 삼는 거다. 아이들은 가족이나 친구에게 거친 말을 하거나 폭력을 쓰기도 한다. 이때는 "화가 났구나." "속상했구나." 하며 마음을 읽어주고 공감하며 감정을 충분히 표현하게 돕는다. 감정은 표현하되 다른 사람에게 상처나 해가 되는 말과 행동으로 이어지지 않아야 함을 알게끔 가르쳐준다.

어린이 시기에 관계의 폭이 넓어지는 만큼 아이들은 다양한 감정을 느낀다. 처음 느끼는 감정에 신기하고 설레지만 두렵고 막막하기도 하다. 아이들이 찬이처럼 여러 감정을 느끼고 자유롭게 표현할 수 있다면 좋겠다. 모든 감정이 소중하고 필요하다는 사실을 경험하기를 바란다.

『세상의 많고 많은 초록들』이라는 그림책을 좋아한다. 이 그림책은 세상에 존재하는 수많은 초록에 대한 이야기를 들려준다. 울창한 초록, 바닷속 깊고 푸른 초록, 싱그러운 라임 같은 초록, 고사리 달빛 어린 초록, 빛바랜 초록, 흰 눈에 덮인 초록. 초록은 한 가지 빛깔이 아니다. 같은 듯 다 다르다. 세상의 많고 많은 초록만큼 세상에는 많고 많은 '사랑'이 있는 게 아닐까.

부모님의 사랑, 형제자매의 사랑, 친구의 사랑, 선생님의 사랑, 동식물과 자연의 사랑, 좋아하고 잘하는 것에 대한 사랑, 이성에게 느끼는 사랑. '사랑'이라는 이름은 하나지만 세상에는 수많은 사랑이 있다. 비슷하지만 저마다 다른 빛깔과 향기를 머금고 있다. 어떤 사랑은 위대하고 어떤 사랑은 하찮다고 여길 수 없다.

어린이라서 느끼고 표현하는 감정이 어른보다 적고 서툴다고도 볼 수 없다. 어른이 되어서도 자기 감정을 인식하고 표현하는 데 어려움을 느끼는 경우가 많지 않던가. 내 감정도 잘 다루지 못하는데 상대방의 감정을 읽는 건 더욱 어려운 일이다. 층간 소음, 주차 문제 등으로 생기는 이웃 간의 다툼, 회사 내 갑질과 따돌림, 익명성을 이용한 악플, 묻지 마 범죄 등 우울한 사건들을 보아도 알 수 있다. 감정 표현은 자라면서 자연스럽게 터득한다는 생각이 틀렸다는 반증이기도 하다.

각기 다른 초록은 혼자 만들어지지 않는다. 숲과 바다, 초원과 꽃잎, 달빛과 흰 눈을 만나서 고유의 빛깔을 입는다. 어린이의 감정도 혼자서 만드는 것이 아니다. 가족, 친구, 선생님, 이웃 등을 만나서 싱그러워지거나 울창해지고 빛을 잃기도 한다. 어른이 세심하게 살펴줄 때 어린이는 자신의 감정을 잘 빚어가며 자기만의 초록을 가꿀 수 있다.

늘 궁금한 것 많은 선생인 나는 아이들에게 가슴이 콩닥콩닥한 순간이 언제인지 물어보았다.

- ✦ 아빠가 100원 줄 때요.
- ✦ 엄마가 귓밥 파줄 때요.
- ✦ 쓴 약 먹을 때요. 주사 맞을 때요.
- ✦ 롤러코스터 탈 때요.
- ✦ 친구하고 싸울 때요.
- ✦ 달리기하려고 서 있을 때요.

- ✦ ○○이랑 데이트할 때요.
- ✦ 밤에 불 끌 때요.
- ✦ ○○이랑 결혼할 생각할 때요.
- ✦ 아빠 만날 때요. 아빠가 항상 늦게 와서 못 보는데 어떤 때 일찍 오면 좋아요.
- ✦ 엄마가 머리 감겨줄 때요. 엄마가 좋으니까요.

어릴 적 우리도 그랬을까. 100원 받을 때 콩닥거리고, 머리 감으며 콩닥거리고, 싸울 때 콩닥거리고, 아빠 만날 때 콩닥거렸을까. 세상의 많고 많은 콩닥거림을 다 어디에 두고 왔을까.

어느 날 찬이는 미영이의 칫솔까지 씻어주었다. 자기는 양치도 안 하면서 말이다. 어느 날 미영이는 찬이의 색칠을 도와준다. 제 그림은 완성도 안 하고서 말이다. 그러다가도 어느 날은 토라져서 쳐다보지도 않는다. 그런 날에는 쪼르르 내게 달려와서 미주알고주알 원망을 쏟기도 한다. 어떻게 해결할지 답을 찾기도 하고 찾지 못하기도 한다.

아이들은 사랑이 싱그러운 초록만이 아니라는 사실을 벌써 알아가는 눈치였다. 그럼, 그런 거지. 사랑은 나와 다른 모습, 상대방의 단점을 인정하고 수용하며 함께 지켜가려는 의지니까.

    교정에 장미가 흐드러지게 피어가던 5월 어느 날, 찬이와 미영이가 사진을 찍고 싶다고 찾아왔다. 초록빛으로 물든 오후, 빨간 장미 덩굴 아래서 사진을 찍어주었다. 세상이 온통 너이고 세상이 오로지 너인 것. 솔직하고 당당한 사랑이 눈부셨다.

함께 읽으며

『가슴이 콩닥콩닥』 __ 이채은혜 | 노란돼지

『세상의 많고 많은 초록들』 __ 로라 바카로 시거 | 김은영 옮김 | 다산기획

『사랑은』 __ 다이앤 아담스 글 | 클레어 키인 그림 | 이현진 옮김 | 나는별

『내 마음 ㅅㅅㅎ』 __ 김지영 | 사계절

이렇게도 해보았어요

💬 책의 주인공과 비슷한 경험에 대해 이야기 나눈다.
💬 누군가를 좋아하는 사람의 마음이 어떨지 이야기한다.
💬 가슴이 콩닥콩닥했던 순간을 떠올리며 글을 써본다.
💬 세상의 많고 많은 초록을 찾으러 산책을 나선다.
💬 자신이 느낀 여러 사랑에 대해 이야기하고 빛깔로 표현한다.

달팽이에게 길을 내어줄 수 있다면

"선생님, 성현이가 달팽이를 돌로 찍어서 죽이려고 해요!"

다급한 아이들의 목소리로 교실 안팎이 쩌렁쩌렁하다. 이야기를 전해 듣는 도중에 다른 아이들이 와서 사건이 종결되었음을 알린다. 달팽이가 죽었단다.

종종 작은 생명을 함부로 다루는 아이들을 만난다. 날 수 없게끔 곤충의 날개를 찢고, 애벌레나 자그마한 곤충들을 가지고 놀다 밟아 죽인다. 죽은 곤충을 들고 친구들을 쫓아다니며 괴롭힌다. 왜 그런 행동을 했는지 아이들에게 물어보면 간단한 답이 돌아온다.

"그냥요."

아무 뜻이 없단다. 아무 관심도 없단다. 나로 인해 한 생명이 고통받고 목숨이 끊어지는 데 무감각하고 심지어 재미있다고 느낀단다. 친구나 형제자매에게 받은 스트레스를 대갚음하고 싶은데 그럴 수 없을 때 약한 생명을 괴롭히기도 한다. 그게 나쁜 줄 정말 몰라서 그러는 아이도 있다. 그런 행동을 하지 말라고 말리는 사람이 없어서 잘못된 행동임을 알지 못했던 거다. 가장 걱정스러운 건 즐거움을 느끼는 경우다. 성현이는 어떨까, 생각하며 물었다.

"성현아, 달팽이 얘기 좀 해줄래?"
"죽였어요."
"왜 그랬는지 말해줄 수 있어?"
"그냥요."
"선생님, 성현이는 지렁이도 막대기로 막 잘라요.
"저번에 무슨 곤충 날개도 다 뜯었어요."
"우진이도 그랬어요."
"내가 언제 그랬어?"
"너 저번에 그랬잖아!"

달팽이를 시작으로 여기저기서 터져 나온 비난과 말다툼이 좀처럼 진정이 되지 않았다. 3교시 공부를 접고 책 읽는 자리에 모이자고 했다. 이번 주에 읽어주려던 책이었는데 이런 일이 생길 줄 알았다면 좀 더 일찍 읽어줄걸 그랬다.

『살아 있는 모든 것은』의 첫 장에는 "살아 있는 모든 것에는 시작이 있고 끝이 있단다. 그 사이에만 사는 거지."라는 문장과 함께 둥지 속에 놓인 알 두 개가 그려져 있다. 다음 장에는 "우리 주위 어디에서나 항상 무엇인가는 시작되고 무엇인가는 끝이 나고 있지."라는 글과 함께 부서진 고둥 껍데기가 그려져 있다. 풀도, 사람도, 새도, 물고기도, 나무도, 토끼도, 아주 작은 벌레까지도. 살아 있는 동안 무슨 일이 일어나는가에 따라 오래 살기도, 짧게 살기도 한다는 내용의 책이다.

날개를 많이 다쳐서 죽은 나비, 봄에 씨앗을 뿌리고 가을에 열매를 맺는 꽃과 채소, 성충이 되고 스무 날 동안만 사는 나비, 하루만 사는 물고기와 팔구십 년이나 사는 물고기 이야기를 들으며 흥분했던 아이들이 조금씩 숨죽인다.

"저번에 가만히 있는 나비를 봤어요. 건드려 봤는데 안 움직였어요. 그 나비는 다 살아서 죽으려고 그런 거죠?"

"하루만 사는 물고기는 너무 불쌍해요."

"어떻게 하루만 살지? 나비도 쪼끔밖에 못 사네."

"얘들아, 달팽이는 얼마나 살까?"

"일주일요."

"에이, 그건 너무 쪼끔이다. 한 달요."

"아냐, 일 년? 십 년?"

아이들의 의견이 분분했고 아무도 모르니 내일까지 알아 오자고 하고는 다시 물었다.

"그럼 아까 그 달팽이는 얼마쯤 살았을까?"

"아기 같았어요. 한 달? 일 년?"

"집에 가고 있었을 거예요."

"엄마, 아빠가 기다릴 텐데…."

"불쌍해."

"성현아, 다음에 달팽이 만나면 어떻게 하면 좋을까?"

"지나가게 해줄 거예요."

"그래. 그럼 아기 달팽이는?"

"묻어줄게요."

"선생님, 저도 갈래요. 저도요. 저도요."

점심시간에 성현이와 함께 우르르 나선 아이들은 달팽이를 땅에 묻어주고 왔다. 그날 이후, 아이들은 작은 생명에게 관심을 보이기 시작했다.

한여름 매미 소리가 짙어지는 날, 눈을 감고 소리를 들어보자고 했다. 가만히 귀 기울이던 아이들은 매미가 7년 동안 땅속에서 답답했겠다고 말했다. 예전에는 매미 소리가 엄청 시끄러웠는데 이젠 괜찮다면서, 신나서 노래하는 것처럼 들린단다. 7년을 기다려온 매미 이야기를 담은 그림책 『7년 동안의 잠』을 함께 읽은 뒤였다. 아이들은 기나긴 시간을 땅속에서 참고 기다린 매미의 삶이 여름 한 달로 끝난다는 사실을 알고 안타까워했다. 쉬는 시간이 되면 서둘러 매미를 보러 나갔다.

다 함께 매미를 찾으러 나선 날, 아이들은 우거진 나무 곳곳을 살펴보다 매미 허물을 발견하고 흥분을 감추지 못했다. 예전 같으면 징그럽다며 쳐다보지도 않았을 아이들이 서로 매미 허물을 갖겠다며 가위바위보를 하기 시작했다.

생태학자이자 동물행동학자인 최재천 박사의 책 『생명이 있는 것은 다 아름답다』는 오래도록 내 마음에 남았다. 저자는 "동물들이 사는 모습을 알면 알수록 그들을 더욱 사랑하게 되는 것은 물론 우리 스스로도 더 사랑하게 된다."는 믿음으로 책을 썼음을 밝힌다. "너무 늦지 않은 미래에 우리가 자연의 지배자가 아니라 그저 일부라는 엄연한 사실을 겸허한 마음으로 받아들이게 되길 빕니다."라고도 썼다. 이 책을 읽으며 동물들이 살아가는 모습을 같은 동물인 우리 인간의 삶과 견주어보았다.

3학년 과학 동물 단원에는 배추흰나비의 한살이가 나오는데, 교실에서 배추흰나비를 직접 키우는 과정이다. 처음에 너무 작아서 잘 보이지 않던 알들이 애벌레가 되고, 번데기가 되고, 나비가 되는 과정을 지켜본다. 운이 좋으면 열 마리 남짓 살고, 아니면 살아남은 한두 마리만 겨우 볼 수 있다. 번데기 속에서 첫 나비가 나온 날, 교실은 축제의 장이다. 두 번째, 세 번째 나비가 날갯짓하며 날개를 말리자 아이들의 고민이 시작됐다.

알에서 성충이 되기까지 한 달 반 이상 걸렸지만, 나비로 사는 시간은 10일에서 20일 남짓이라는 사실을 알고선 의견이 아주 분분했다. 2퍼센트의 생존율로 살아남아 나비가 되었는데 나가자마자 천적에게 먹힐 수도 있다, 사육 상자 안에서 안전하게 며칠 더 지내게 하자, 아니다 지금 보내야 한다, 나비로 태어났는데 하늘을 날아야 하지 않겠느냐, 남은 시간도 별로 없다 등등.

아이들은 나비의 한살이 과정을 지켜보며 삶도 죽음도 마음대로 되지 않음을 깨닫는다. 모든 생명이 주어진 시간을 살기 위해 얼마나 노력하는지도 안다. 그들이 살아 있는 동안 무사하기를 바란다. 결국 아이들은 자연으로 나비를 날려보내기로 정했다.

어린이들은 작은 생명을 돌보는 일에 관심이 많다. 부모님이 허락하느냐 않느냐에 따라 반려동물을 키우는 여부가 갈린다. 반려동물을 기르지 못하는 아이들은 강아지나 고양이, 거북이, 사슴벌레 등을 키우는 친구들을 부러워한다. 윤지는 몇 년째 고양이를 키우는 게 소원이지만 부모님이 반대해서 기르지 못한단다. 우연히 만난 길고양이에게 '까망이'라는 이름을 짓고 은신처도 만들어주고, 날마다 먹이를 주는 윤지는 온통 고양이 이야기만 한다.

생명을 귀히 여기는 마음을 책으로 배울 수도 있지만, 가장 귀한 건 윤지처럼 직접 경험하는 거다. 생명을 돌보는 일을 '사랑' 이외의 말로 어떻게 설명할 수 있을까. 그 과정에서 따라오는 죽음과 이별은 자연스러운 과정이다. 오래도록 아프지만 그 아픔 속에서 느끼고 배우며 어린이는 성장한다.

매미 소리가 잔잔해지기 시작한 여름의 끝자락, 아이들

은 이전보다 자주 창밖 소리에 귀를 기울였다.

"선생님, 한 달 지났죠?"
"매미 소리가 점점 안 들려요."
"죽었나보다. 이제 다 살아서."
"아니에요, 귀에다 손을 대보세요. 아주아주 쪼끔은 들려요."

아이들은 예전엔 흙을 파다 애벌레가 나오면 갖고 놀다 버렸는데 이제는 다시 흙을 덮어준단다. 나비가 될지 매미가 될지 장수풍뎅이가 될지 모른다면서. 혹시 7년을 기다렸고 바로 내일이 매미가 되는 그날일지도 모른다면서. 우리는 엄마 배 속에서 열 달 만에 나와서 오래 사는데, 기다림에 비해 조금밖에 못 사는 동물과 곤충이 많은 것 같다고도 말했다.

언젠가 지혜가 깃털 하나를 불쑥 내밀었다. 뒤뜰에서 죽은 새를 보고 흙을 파서 무덤을 만들어주었단다. 돌도 올려주고 막대기로 십자가도 꽂아주고 하늘나라에 가라고 기도해주었다고 한다.

"아까 묻어준 새요. 누가 일부러 다치게 해서 죽은 게 아니면 좋겠어요. 다 살아서, 늙어서 죽은 거면 좋겠어요."
"그래, 그럴 거야."
"너희들을 만난 동물이랑 식물은 너희에게 고마워할 거야. 다치지 않게 해주니까. 소중하게 여겨주니까."
"맞아요, 맞아요. 나는 내 나무에 물도 줬어요."
"저도요. 내 나무 '도라에몽'은 키가 더 컸어요."
"우리 할머니도 다치지 않고 오래 살면 좋겠어요."
"우리 할아버지도 아프지 않으면 좋겠어요. 엄마도요. 아빠도요."

작은 생명을 살피던 아이들의 마음은 제 곁의 소중한 사람들에게까지 깊어진다. 하늘 아래 모든 생명은 저마다 귀하고 아름답다. 그 사실을 아직 모르는 이가 있다면 알려주고 만나게 해주면 된다. 생명을 존중하는 마음을 품은 어린이는 수많은 생명과 공존하고, 더 많은 생명을 지키기 위해 노력하는 사람으로 자랄 것이다. 자신 역시 그들과 함께 살아가는 세상의 작고 작은 일부임을 기억하면서. 다른 생명을 사랑하는 일이 결국 나를 더 사랑하는 길임을 알아가면서.

어느 날, 중간놀이 시간에 성현이가 숨 가쁘게 뛰어와

서 자랑했다.

"선생님, 좀 전에 달팽이 봤어요."
"그랬어?"
"내가 지나가게 해줬어요."

성현이는 하얀 이를 드러내며 멋쩍게 씨익 웃었다.

―――――― 함께 ――――――
―――――― 읽으며 ――――――

『살아 있는 모든 것은』__브라이언 멜로니 글 | 로버트 잉펜 그림 | 이명희 옮김 | 마루벌

『7년 동안의 잠』__박완서 글 | 김세현 그림 | 어린이작가정신

『세상에서 가장 멋진 장례식』__울프 닐손 글 | 에바 에릭손 그림 | 임정희 옮김 | 시공주니어

―――――― 이렇게도 ――――――
―――――― 해보았어요 ――――――

💬 산책길에 생명이 있는 것을 찾아본다.

💬 바람 소리, 빗소리, 새소리, 매미 소리 같은 자연의 소리에 귀 기울여본다.

💬 주변에 있는 곤충이나 동물, 식물 들을 자세히 관찰한다.

💬 더 알고 싶은 동물이나 식물의 한살이를 책에서 찾아본다.

💬 자신이 만났던 생명에게 미안했던 일, 고마운 마음, 생명을 지키기 위해 할 일을 글로 써본다.

💬 교실에서 배추흰나비, 달팽이 등 작은 생명을 함께 돌본다.

💬 집에서 키우는 생명에 대한 이야기를 글로 쓰고 대화 나눈다.

흥얼거리다

상상 세계의
문을 여는 열쇠

교실 문을 벌컥 열고 숨도 제대로 고르지 못한 아이들이 앞다투어 손을 내민다. 서둘러 펼친 손에는 모양도, 크기도, 색깔도 다른 돌들이 있다. 길쭉한 돌부터, 동그란 돌, 납작한 돌, 반질반질한 돌, 거칠거칠한 돌까지. 연한 회색, 갈색, 푸른빛이 도는 돌 등등 제각각인 돌멩이를 두고 다들 자기 돌이 보라색이라고 우긴다. 고개를 갸웃거리니 더 자세히 보라고 성화다.

"보라색이잖아요. 맞아요, 보라색."
"아니야. 이게 보라색이야."

"야, 그건 회색이잖아. 이게 보라색이야. 그렇죠, 선생님?"

아이들이 이러는 데는 이유가 있다. 오늘 읽어준 그림책 『새앙 쥐와 태엽 쥐』(2019년 『알렉산더와 장난감 쥐』로 다시 출간되었다) 이야기 때문이다.

새앙 쥐 찍찍이는 빵 부스러기를 먹으려다 날마다 주인 아주머니의 빗자루에 쫓기는 신세다. 붕붕이는 주인집 은샘이의 사랑을 담뿍 받는 태엽 쥐이다. 둘은 서로의 모험담과 주인에게 사랑받은 이야기를 나누며 친구가 되었다.

하루는 붕붕이가 정원의 머루 동굴 속에 사는 도마뱀 이야기를 찍찍이에게 들려준다. 도마뱀은 동물을 다른 동물로 바꾸는 마술을 부린다고 했다. 붕붕이처럼 되고 싶었던 찍찍이는 도마뱀을 찾아갔고, 소원을 이루려면 보름달이 뜨는 날 보라색 돌을 가지고 오라는 말을 듣는다. 한편 붕붕이는 새 장난감 선물에 밀려 버려질 위기에 처한다. 찍찍이는 보라색 조약돌을 찾을 수 있을까, 또 누구를 위해 어떤 소원을 말할까?

나는 이 책을 읽고 나면 아이들이 '친구'와 '우정'을 이야기할 거라고 예상했다. 아이들이 친구를 위해 어떤 소원을 빌지 들어보고, 두 생쥐는 어떻게 살게 될지 이야기도 할 생각이었다. 그러나 예상과 달리 아이들의 흥미를 끈 건 소원을 이루는 방법이었다. 화제는 '우정'이 아니라 '소원을 이루어주는 보라색 돌'이 되었다.

"진짜 보라색 돌이 있을까?"
"있어, 있어. 내가 저번에 봤어."
"에이, 보라색 조약돌이 어디 있어? 없어."
"해수욕장 갔을 때 봤어. 거기 있었어."
"나도 봤어. 놀이터에서!"

보라색 돌이 '있다' '없다' 사이에서 팽팽히 줄다리기하다가 보라색 돌을 봤다는 아이들 쪽으로 끌려갔다. 상상의 세계에 발을 담근 아이들은 보라색 돌을 찾으면 정말 소원을 이룰 수 있다고 믿는 듯했다. 그렇다고 돌을 직접 찾아 나설 줄은 꿈에도 생각지 못했다.

들고 온 돌을 보여주는 아이들과 실랑이를 이어가는데 헉헉거리며 뛰어온 지현이가 꽉 쥐고 있던 손을 펴 보였다. 손바닥에는 자잘한 보라색 돌이 가득했다.

"우와. 보라색 조약돌이다."

"진짜네. 진짜 있었네. 어딨어?"

"저기 본관 앞 화단에 있어."

"지금도 있어?"

"응. 많이 있어."

"선생님, 가요. 빨리요. 빨리!"

흥분한 아이들은 내 손을 잡아끌고 자신들의 모험에 동참하길 요구했다. '오늘 해야 할 일이 산더미인데.' 잠시 망설였지만, 보라색 돌을 찾아서 학교를 샅샅이 뒤졌을 아이들의 마음을 헤아리면 따라나서는 게 맞다.

지현이의 모험담을 들으며 운동장을 가로질러 본관까지 걷고 뛰기를 반복했다. 정말로 화단 한구석에 보라색 조약돌이 많이 있었다. 아이들은 탄성을 쏟으며 보라색 돌을 줍느라 바빴다. 귀한 보물이라도 찾은 듯 호주머니에 한 주먹씩 넣고 손에도 가득 쥐었다.

보물을 찾은 탐험가들은 으쓱거렸고 지현이는 졸지에 탐험대장이 되었다. 살펴보니 보라색 돌은 난초 화분 장식물이었고 화분 여러 개에서 화단에 돌을 쏟아놓은 흔적이 있었다. 누군가가 쓸모없다고 버린 돌이 누군가에게 마법의 돌로 변신하는 신비한 순간이었다. 가끔은 이렇게 말할 수 없는 비밀이 생기는 날이 있다. 그럴 때는 시치미를 뚝 떼야 한다.

모험을 마치고 의기양양하게 교실로 돌아온 아이들은 사물함에 보라색 돌을 소중하게 넣어두었다.

"선생님, 보름달 뜨는 날 꼭 말해줘야 해요."
"자요. 이건 선생님 줄게요. 선생님도 같이 소원 빌어요."
"이건 민우 줄 거예요."
"이건 우리 엄마, 아빠 줄 거예요. 동생도요."

신나게 한바탕 떠들고 나서야 하교가 늦었다며 뛰어나간다. 내일 학교에 와서는 또 얼마나 신나게 모험담을 펼쳐놓을까. 오늘의 모험에 동참하지 않았던 아이들은 얼마나 아쉬워할까. 아이들은 어떤 소원을 품었는지도 궁금했다.

'아이들 소원이 꼭 이루어지게 해주세요.'

내 소원은 이걸로 정했으니 이제 보름달 뜨는 날만 기다리면 될 터였다.

이렇게 주저 없이 상상의 세상으로 발을 딛는 게 바로 어린이다. 일본에서 50년 이상 어린이책 계몽 운동에 헌신한 마쓰이 다다시는 『어린이와 그림책』에서 현실 세계인 밖에서는 공상의 세계를 볼 수 없는데 그것은 '안으로 들어가는 세계'이기 때문이라고 말한다. 어린이는 공상의 세계를 멀찍이 떨어져 보지 않고 성큼 들어가는 존재이며, 그 힘이 바로 상상력이다.

어린이의 상상은 어른이 되기 전 모험의 세계에서 자기 힘으로 세상에 집을 짓고 서는 힘을 기르는 과정이다. 어린이를 제대로 알기 위해서는 현실과 상상 두 측면에서 마음을 들여다봐야 한다. 어린이는 두 세계를 동시에 살아가는 존재이기 때문이다. 어린이는 상상 속에서 수없이 모험을 떠나면서, 현실 속에서도 모험을 준비한다. 바로 어른이 되어 가는 때다.

어른도 한때는 어린이였다. 그럼에도 까마득히 잊었기에 어린이를 이해하는 일이 쉽지 않다. 누구에게나 존재했던 어린 시절 상상의 세계는 어디서부터 어떻게 사라져버리는 걸까? 제집 드나들듯 상상 속으로 성큼 들어가고 마음먹으면 언제든 현실 세계로 나오는 어린이가 부럽다.

어린이가 상상의 세계에서 집을 짓고 재미있고 신나게, 비밀스럽게 그리고 충분히 모험을 떠나려면 꼭 필요한 것이 있다. 믿고 의지할 만한 어른의 등이다. 어린이가 그 뒤에 숨어 재미난 상상에서부터 무서운 상상까지 마음 놓고 펼칠 수 있도록 돕는 일. 아이가 보라색 돌을 이야기할 때 고개를 끄덕이며 귀 기울이고 모험에 동참하는 것, 그것이 등을 내어주는 일이다. 쉬운 듯하면서도 어렵게 느껴지는 건 그만큼 우리 어른들이 상상의 세계와 멀어졌기 때문이다.

보름달이 뜨는 날, 아이들은 보라색 조약돌을 가져가서 저마다 소원을 빌었다. 소원은 비밀로 하자고 했다. 약속대로 2학년이 끝날 무렵 소원 상자를 열고 그동안 이루어진 소원, 이루어지지 않은 소원, 새로 생긴 소원을 이야기 나눴다.

- ✦ 동생이 생기게 해달라고 빌었는데 이루어졌어요. 엄마 배 속에 동생 있대요.
- ✦ 우리 할머니 죽지 말게 해달라고 기도했는데 이제 안 아프대요.
- ✦ 아빠 담배 끊게 해달라고 했는데 안 이루어졌어요.
- ✦ 우리 집 부자 되게 해달라고 빌었어요.
- ✦ 게임기 갖고 싶다고 했는데 산타 할아버지가 주고 갔어요.
- ✦ 선생님 1000살까지 살게 해달라고 빌었어요.
- ✦ 강아지 키우게 해달라고 바랐는데 아빠가 거북이를 사줬어요. 이건 소원이 이루어진 거예요, 안 이루어진 거예요?

아이들의 소원을 하나하나 들으며 웃음이 터지고 코끝이 시큰했다.

어린이라는 시기가 없으면 인생은 참 심심하고 따분할지도 모르겠다. 어른이 되면서 안으로 들어가는 세계를 잃어버린 것 같아 쓸쓸하기도 하지만 열쇠가 있다. 바로 우리 곁에 있는 어린이. 가끔 열쇠를 쥔 어린이를 따라서 상상의 세계에 발을 디뎌보자. 까마득히 잊었던 유년의 나를 만날 수 있을지도 모르니.

함께 읽으며

『알렉산더와 장난감 쥐』__레오 리오니 | 김난령 옮김 | 시공주니어

『그림자 놀이』, 『선』__이수지 | 비룡소

『벗지 말걸 그랬어』, 『뭐든 될 수 있어』__요시타케 신스케 |
유문조 옮김 | 위즈덤하우스

이렇게도 해보았어요

- 자신의 소원을 이루어줄 마법의 돌은 무슨 색일지 생각해 본다.
- 마법의 돌을 찾으러 탐험을 떠난다.
- 자신을 위한 소원과 다른 사람을 위한 소원을 떠올린다.
- 종이에 소원을 적어 비밀 상자에 보관하고, 보름달이 뜨는 날 마법의 돌을 보면서 소원을 빌어본다.
- 시간이 흘러 상자에서 소원을 꺼내고, 소원이 이루어진 이야기, 이루어지지 않은 이야기, 새로 생긴 소원 등을 이야기한다.

손수 작은 텃밭을 돌보며

어느 한 시절, 지역에서 가장 큰 학교 중 하나였지만 많은 사람이 다른 삶과 일터를 찾아 떠나고, 지금은 전교생이 90명 남짓 되는 학교에 처음 들어섰다. 아름드리 나무 한 그루를 보고 감탄하며 걸어가다 잠시 발길을 멈추었다.

'와, 텃밭이네.'

어릴 적부터 도시에 산 탓에 심고 가꾸며 살림을 꾸려본 적 없는 나는 꿈에 부풀었다. 1학년 아이들과 무얼 심어 볼까 궁리하며 날이 따뜻해지기만 기다렸다. 자라는 과정을 금방 보려면 상추나 쌈 채소가 좋겠지. 방울토마토나 고추는 교실 안에서도 키울 정도니 밖에서는 더 잘 자라겠지. 수박

씨를 심으면 정말 수박이 자라려나.

텃밭 일을 해본 경험이 있는 몇몇 선생님이 밭을 갈고 밑거름을 넣고 두둑 만드는 일을 도와주었다. 학급당 하나씩 분양받은 이랑을 보니 빨리 종묘사에 가고 싶었다. 학교에서 5분 거리에 시장과 종묘사가 있다니 고마운 일이다. 덕분에 아이들이 직접 모종을 고르는 기회와 즐거움을 누렸다.

시장에 가기 전에 아이들에게 무얼 심고 싶은지 물어보고 여러 가지 모종과 열매 사진을 보여주었다. 아이들은 수박 노래부터 불렀다. 수박을 심어서 여름에 먹겠다는 포부였다. 그 외에도 참외, 토마토, 옥수수, 파프리카, 고추… 아이들이 원하는 걸 다 심으려면 운동장 전체를 텃밭으로 만들어야 하지 않을까?

드디어 모종을 사러 간 날, 가게 밖 인도까지 빼곡하게 진열된 모종을 보며 눈이 휘둥그레졌다. 신기한 구경에 쏙 빠져서 시간 가는 줄 모르다가 어렵게 수박, 참외, 방울토마토, 파프리카 등을 골랐다.

학교에 돌아와서 모종을 심기 시작했다. 어떤 모종은 엉성하니 제대로 서지도 못해 고꾸라지고, 어떤 모종은 흙을 단단히 눌러서 숨구멍이 막힌 것 같았지만 아이들은 마냥 즐거워했다. 며칠 전에 함께 『상추씨』라는 책을 읽은 탓에 아이들은 상추는 모종이 아닌 씨앗을 심겠다고 우겼다.

『상추씨』는 씨를 뿌리고 싹이 난 상추가 바람과 비를 맞고 햇볕을 받으며 자라는 이야기다. 책 뒷면지에 붙어 있는 조그만 봉투에는 진짜 상추씨가 들어 있었다. 작가님이 우리에게 준 선물이라고 했더니 그걸 꼭 심어야겠단다. 씨앗보다는 모종이 더 잘 자랄 거라고 설명해도, 물도 잘 주고 책에서처럼 잎이 많아지면 잎을 솎아주기도 하겠으니 걱정하지 말란다. 다 자라면 집에 가져가서 삼겹살도 싸 먹고, 비빔밥에 비벼서 맛있게 먹을 거라는 포부도 밝혔다.

이런 사연으로 봉투 안에 들어 있던 상추씨를 심었다. 살살 뿌리고 흙을 덮어야 했는데 아이들은 깊숙이 파서 단단히 심었다. 과연 흙을 뚫고 싹이 나올 수 있을지 걱정됐다.

다음 날부터 아이들은 중간놀이 시간이 되면 뛰어나가기 바빴다. 모종이 얼마나 자랐는지, 상추씨는 싹이 났는지 보러 가는 거다. 서로 물뿌리개를 챙기겠다고 해서 물 주는 순서도 정했다. 모종은 날마다 조금씩 자라는 게 보였는데 상추씨만 잠잠했다. 식물도 말을 알아듣는다고 얘기해주었더니 아이들은 상추씨 자리에 옹기종기 모여서 소곤거렸다. 옆에서 나도 거들었다.

"상추씨야, 힘내. 넌 할 수 있어."

"그래, 상추씨야, 세상이 보고 싶지 않아? 우리가 많이 기다리고 있어. 힘내."

연둣빛 봄을 지나 초록이 짙어가는 어느 날, 우르르 나갔던 아이들이 다시 우르르 들어오며 난리법석이었다.

"선생님, 선생님, 방울토마토 열렸어요."

"초록색이에요. 진짜 작아요."

"언제 익어요? 먹어 봐도 돼요?"

알고 있었지만 처음 듣는 소식처럼 함께 흥분했다. 기다리고 기다리던 '방울이'는 서너 개에서 여러 개가 되고 수십 개가 되었다. 빨갛게 익은 토마토 '방울이'를 수확하는 첫 기쁨을 누린 날, 아이들은 초여름의 따가운 볕에 땀방울이 흘러내리는 줄도 모르고 열중했다. 아마 자기들 손으로 보살피며 가꾼 열매가 들여다볼수록 신기하고 대견했으리라.

"방울아, 잘 자라줘서 고마워. 맛있게 먹을게."

고마운 마음을 전하기가 무섭게 토마토는 입으로 쏙쏙 들어갔다. 싱싱한 알맹이를 깨무는 순간 과즙이 톡 터지는 기쁨을 어떻게 말로 표현할 수 있을까.

늦은 봄부터 여름은 하루하루가 풍성한 수확의 계절이었다. 웃거름을 충분히 주고 튼튼한 지지대를 세워준 어른들의 숨은 노고가 있었기에 가능한 일이었다. 6학년 언니, 오빠들이 수확한 상추와 고추를 가지고 수학여행을 떠났다는 이야기에 아이들은 한없이 부러워했다. 다행히 다른 학년 상추가 무럭무럭 자라 모든 학생이 충분히 나눠 먹을 수 있었다.

비가 여러 날 오고 날이 더워지자 텃밭은 점점 숲이 되고 모기가 출몰해 아이들이 들어가기 어려워졌다. 방학 전날 가장 부러운 농부인 6학년들이 모든 작물을 거두어서 깨끗하게 씻어 동생들 반에 나누어주는 것으로 1학기 농사가 마무리되었다.

2학기에는 또 다른 곳에 길게 자리 잡은 텃밭이 우리를 기다리고 있었다. 늦봄에 줄기를 심은 고구마 잎이 무성해지고 여름에는 연보라색 꽃을 피웠다. 아이들은 처음 보는 고구마 꽃이 별같이 예쁘다며 보러 나가곤 했다. 10월 무렵, 추워지기 전에 고구마를 수확하기로 했다. 줄기 심기는 쉬웠지만, 뿌리를 내린 고구마는 캐기가 어려웠다. 모종삽으로 파다가 고구마가 상하는 걸 본 아이들은 딱딱함이 느껴지면

삽을 던지고 손으로 살살 흙을 파헤쳤다. 공들여 판 고구마의 흙을 털어내고 손을 높이 든 아이들은 함박웃음을 지었다. 기쁨도 잠시, 고구마는 일주일 이상 후숙해야 먹을 수 있다는 말을 듣고 울상을 지었다.

목이 빠지게 기다리는 동안 『고구마구마』라는 유쾌하고 재미있는 책을 읽어주었다. 책장을 넘기면 기다란 고구마 덩굴이 뽑혀 올라오고 가지각색 고구마가 머리를 내민다.

'고구마는 둥글구마. 길쭉하구마. 배 불룩하구마. 털 났구마. 험상궂구마.'

요리조리 다른 고구마의 생김새부터 요리와 맛, 방귀 이야기까지 '구마'를 붙여 표현한 책이다. 책을 덮는 순간 '구마' 놀이가 시작되는 건 예견된 일이다.

"이 책 재밌구마. 웃기구마. 고구마 먹고 싶구마. 나도구마. 고구마 또 캐고 싶구마."

기다리던 군고구마가 교실에 배달된 날, '구마' 놀이는 다시 시작됐다.

"군고구마구마. 못생겼구마. 뜨겁구마. 속이 노랗구마."

"네 건 작구마. 내 건 크구마. 내 건 길구마. 맛있구마. 달콤하구마."
"더 먹고 싶구마. 방귀 나오겠구마. 참으라구마. 나가라구마!"

아이들은 고구마를 먹는 내내 깔깔거렸다.

한 해 수확을 마친 작은 농부들에게 소감을 물어보니, 손수 무언가를 심고 가꾸는 일이 때로 기쁘고, 때로 아쉽고, 때로 힘들고 속상하기도 했단다. 겉흙이 마를 때마다 물을 주고, 방울토마토와 고추, 가지는 줄기가 휘어지지 않도록 튼튼한 지지대를 세워야 하고, 웃자라지 않도록 솎아주어야 한다는 것도 배웠다고 한다. 고대하던 열매를 얻어서 기뻤고, 바라던 싹이나 열매가 맺히지 않을 때는 아쉬웠다고 했다. 잡초를 뽑으려다 모종을 뽑았을 때는 속상했고, 고구마를 캐면서는 무척 힘들었단다.

아이들은 작은 모종 하나를 키우기 위해서 부지런한 손길이 있어야 함을 몸소 익혔다. 거창하게 들릴지도 모르지만, 노동의 가치를 몸으로 배웠다고도 생각한다. 아이들은 제 손과 발을 움직여 일하는 노동에 따라 작물의 성장이 달라지는 걸 경험했고, 어떤 작물이 잘 크지 못한 건 돌보는 방법이 서툴렀기 때문이라는 사실을 알았다. 다음에는 더 잘 키우고 싶다는 꿈도 품었다. 몸으로 배우면서 멀리 있던 세상 하나가 곁으로 바짝 다가온 것이다.

밭농사를 짓는 조부모님이 계신 아이들은 할머니, 할아버지가 힘드시겠다고, 다음에 가면 일을 도와드려야겠다는 말도 잊지 않았다. 마트나 시장에서 손쉽게 사 먹던 토마토, 딸기, 참외, 수박 어느 것 하나 뚝딱 만들어지는 게 아니라 누군가가 끊임없이 돌보아야 하며 그 시간과 정성과 기다림의 결과임을 깨쳤다.

어린이들은 작은 텃밭에서 흙과 태양과 물이 모여 식물이 자라는 걸 보면서 자연에 고마움을 느꼈다. 땡볕에 모종이 시들 만큼 계속 비가 오지 않거나, 비가 연달아 내리는 시기에는 자연이 주는 험난함도 느낄 수 있었다. 며칠째 내린 비 때문에 참외 모종의 잎이 노랗게 변하고 시들시들하다 죽자 아이들은 매우 속상해했다. 참외를 먹지 못한다는 아쉬움만이 아니라 자신들이 생명을 지키지 못했다는 미안함이었다.

봄부터 가을까지 작은 텃밭을 가꾸며 아이들은 자연의 힘과 그 속에서 살아가는 의미를 느꼈을 테다. 이렇게 하나를 알면 둘도, 셋도 스스로 깨우치는 게 어린이다. 말랑말랑한 마음으로 세상의 이치를 순하게 받아들이는 어린이의 마음이 귀하다.

『상추씨』의 마지막 장에는 활짝 편 손이 우리를 향해 그려져 있다. 손에는 알록달록 조그만 씨앗 봉투가 여러 개 있다. 책 속 나눔은 끝이면서 시작인 셈이었다. 그 씨앗을 심으며 이야기는 책 밖에서 다시 시작된다.

시골의 조부모님 댁, 주말농장, 아파트 베란다 한편, 교정과 교실의 텃밭이나 화분도 좋다. 각자의 형편대로 지금 우리 곁의 어린이에게 자연을 돌려주면 어떨까? 농부이자 시인인 서정홍 선생님 강연에서 딱 내가 하고 싶었던 말을 들었다. "자연으로 돌아가는 삶은 특별한 삶이 아니라 마땅한 삶이다."

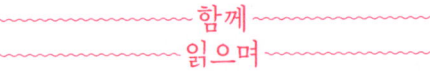

함께 읽으며

『상추씨』 __조혜란 | 사계절

『고구마구마』 __사이다 | 반달

『알레나의 채소밭』 __소피 비시에르 | 김미정 옮김 | 단추

이렇게도 해보았어요

텃밭을 돌보며 어린이가 한 일

- 💬 심고 싶은 작물, 여러 작물의 특성, 모종 심는 방법을 알아본다.
- 💬 모종을 2~3종류 사 와서 심고 푯말을 세운다.
- 💬 잡초를 뽑고 웃자라지 않게 솎아주며, 물을 주고 열매를 기다린다.
- 💬 열매를 수확해서 먹고, 가족들과 기쁘게 나눈다.

텃밭을 돌보며 어른이 도운 일

- 💬 밭을 갈고 밑거름을 주고 이랑을 만든다. 아이들과 함께 할 수도 있다.
- 💬 웃거름을 주고 작물 지지대를 튼튼하게 세운다.

서 · 성 · 이 · 다

그래도 넌 아빠가 있잖아

백희나 작가와 그의 책을 좋아한다. 가끔 열리는 귀한 강연을 찾아가 듣기도 했다. 엄마, 아빠, 홍비와 홍시네 가족 이야기인 『구름빵』을 쓴 뒤, 4인 가족이 아닌 다른 가족 형태의 독자에게 마음이 쓰이셨다고. 이후 출간한 책에는 다양한 모습의 가족 이야기를 담았다는 말에 마음이 따뜻해지고 작가를 향한 애정이 더욱 깊어졌다.

최근 여러 작가의 시선으로 한부모 가족, 조손 가족, 다문화 가족, 입양 가족 같은 이야기가 그림책으로 출간되어 기쁘게 읽고 있다. 우리 곁에 다양한 가족의 모습이 많아진 현실이 반영된 것이리라.

5월에는 어린이날이 있고 어버이날도 있다. 어린이날을 앞두고 베아트리체 알레마냐의 『어린이』라는 책을 보며 어린이가 얼마나 멋진 존재인지 읽어주면 아이들은 어깨가 한껏 올라가 두 봉우리가 으쓱하며 솟는다. 엄마, 아빠, 할머니, 할아버지, 형제자매가 주인공인 책과 다양한 모습의 가족에 관한 책도 함께 읽는다. 1~2학년 교육 과정에 포함된 가족 소개와 다양한 가족의 형태를 공부하는 단원을 그림책으로 이해하는 셈이다.

몇 해 전에 2학년 아이들과 가족을 소개할 때 있었던 일이다. 엄마가 돌아가시고 아빠와 사는 지영이와 발표 전 미리 대화를 나눴는데, 지영이는 엄마를 소개하겠다고 말했다. 그런데 발표날이 되자 지영이는 제 발끝만 쳐다보다 이야기를 꺼내지 못했다.

"엄마에 대해 말하는 게 힘들었나보다. 하고 싶었는데 못해서 속상했겠다. 다음에 하고 싶어지면 말해줘. 안 해도 괜찮아."

지영이는 괜찮다고 말했지만 괜찮아 보이지 않았다. 그날 이후, 가족을 소개하거나 가족에 관한 책을 읽을 때면 먼저 아이들의 가족을 살폈다. 모르는 사이에 누군가 상처받을 일을 만들면 어쩌나, 하기 싫은 이야기를 억지로 꺼내게 하면 어쩌나 걱정됐다.

그해는 가족 조사서를 받아보니 모두 부모님과 함께하는 가족 형태여서 이런저런 책을 부담 없이 읽을 수 있을 듯했다. 할머니, 할아버지, 엄마의 이야기를 읽었고, 아빠와 아이에 관한 책도 읽었다.

『우리 아빠는 알 로봇』은 아이들이 아빠가 사준 멋진 장난감을 가지고 만나기로 한 약속으로 시작한다. 주인공의 아빠는 이걸로 되겠느냐며 걱정하지만 정작 주인공은 씩씩하게 아빠가 만든 장난감을 들고 나선다. 아이들은 여러 가지 값비싼 로봇을 보여주며 자기 아빠가 최고라고 뽐낸다. 마지막으로 주인공이 아빠가 직접 만든 알 로봇을 꺼내 보인다. 지금은 알이지만 시간이 지나면 다리가 나오고 팔이 나온다고 설명했다. 마법을 쓰는 아빠가 만든 로봇이라고 하자 정말인지 알고 싶어진 아이들은 주인공 아빠의 일터로 간다. 아이들은 마법을 쓰는 아빠를 만났을까?

책 속 아이와 아빠에 대한 이야기를 나눈 뒤, 우리 아빠나 엄마는 어떤 로봇이고 어떤 로봇이면 좋겠는지 대화를 나눴다.

- 우리 엄마가 잔소리 끝 로봇이면 좋겠어요.
- 우리 엄마, 아빠가 나를 업고 날아가는 로봇이면 좋겠어요.
- 우리 아빠는 욕을 그만 쓰고 고운 말 로봇이 되면 좋겠어요.
- 우리 아빠가 소원 들어주는 로봇이면 좋겠어요. 휴대폰 갖고 싶은데 안 사줘요.
- 우리 아빠는 술 안 마시는 로봇이면 좋겠어요.
- 우리 아빠는 휴일에 잠자는 로봇인데 놀러 가는 로봇이 되면 좋겠어요.

한바탕 이야기하던 아이들은 아빠 엄마 로봇을 그려보고 싶단다. 왁자지껄하던 분위기가 사그라들고 그리기에 빠져드는 중, 다영이가 작은 목소리로 말했다.

"우리 아빠… 다쳤어요. 아직 다 안 나았는데 일해야 한대요."

얼마 전에 다영이 아빠가 일하다 다쳐서 입원했다고 들었는데 그 이야기였다. 다영이는 아빠를 많이 걱정하면서 아빠가 '안 다치는 로봇'이면 좋겠다고 했다. 다영이를 다독이는 와중에 저쪽에서 하은이가 울음을 터트렸다.

"하은아, 왜 그래?"
"우리 엄마 나빠요. 아빠가 집에 오면 맨날 일만 시켜요. 내 아빤데, 내 아빤데!"

하은이의 아빠는 직장이 먼 곳이어서 한 달에 한 번만 집에 온다. 그런데 아빠가 오면 전등 바꿔라, 동생한테 우유 줘라, 쓰레기 버려라, 이거 고쳐라, 저거 해줘라 하며 엄마가 일만 시킨다고 했다. 한 달을 기다린 하은이는 아빠를 뺏겨서 속상하단다. 하은이가 그린 그림은 '내가 부르면 달려오는 로봇'이었고 두 다리 대신 바퀴가 달려 있었다. 부르면 쌩 달려오는 아빠를 그리며 그동안 서러웠을 하은이가 안쓰러워 등을 토닥이는 내 손에 힘이 들어갔다.

"야, 그래도 넌 아빠가 있잖아. 난 아빠 없어."

이건 무슨 말인가. 한결이 어머니나 한결이에게 한 번도 들은 적이 없는 이야기였다.

"뭐? 아빠가 없어? 진짜로? 어디 갔는데?"
"없다고. 없어! 태어났을 때부터 없었다고!"

놀란 하은이가 눈물을 뚝 그쳤다. 다른 아이들도 한결이한테 시선을 고정한 채 얼음이 되었다. 한결이는 아빠 얼굴도 이름도 모른다고 했다. 아빠 얘기를 물어보면 엄마가 아무것도 말해주지 않고 싫어해서 절대로 말하면 안 된다고 했다.

"너 저번에 그 로봇 아빠가 사줬다고 했잖아."
"거짓말이야! 나 아빠 없다고! 외할아버지가 사줬어. 이것도, 이것도, 이것도."

우리 아빠는 욕을 한다, 술을 많이 마신다, 휴일에 잠만 잔다. 쉼 없이 불만을 얘기하던 아이들은 다영이, 하은이, 한결이 아빠의 이야기를 들으며 빵빵해진 풍선 줄을 놓쳐버렸다. 터질 것 같던 불만 풍선은 이리저리 공중을 휘젓고 날아다니다 바람이 빠진 채 바닥에 나동그라졌다.
아이들은 휴일에 집에만 있는 아빠가 다른 집에도 있고, 술을 마시고 늦게 들어오는 아빠가 또 있다는 사실에 안도

했다. 아빠와 한 달에 한 번만 만날 수 있는 친구가 있고, 아빠 얼굴도 모르는 친구가 있다는 이야기에 놀라기도 했다.

은정이는 하은이를 보며 날마다 아빠를 만나는 자신의 처지가 낫다고 생각했을지 모른다. 하은이는 한결이를 보며 한 달에 한 번이라도 보는 아빠가 있으니 다행이라 여겼을지 모른다. 그러면 한결이는…. 한참 동안 눈물, 콧물을 쏟은 한결이가 담담하게 말했다.

"그래도 괜찮아. 난 엄마가 있어. 외할아버지도 있어. 내가 해달라는 건 다 해주시거든. 외할머니는 내가 쿠키랑 빵이랑 먹고 싶다는 건 다 만들어주셔."
"좋겠다. 우리 아빠는 돈 없다고 안 사주는데."
"우리 엄마는 그냥 아무거나 주는 대로 먹으라고 하는데."
"맞아, 너네 할아버지가 맨날 너 데리러 오잖아. 저번에 네가 준 쿠키 진짜 맛있었는데."

한결이 어머니는 아이가 친구들에게 놀림받을까 봐, 기가 죽을까 봐 사실을 숨겨주고 싶었을 테다. 아무에게도 말하지 말라고 단단히 주의를 주며 선생님에게도 숨겼던 거다. 돌이 되기도 전에 엄마, 아빠가 이별하여 '아빠'라는 말을 뱉어보지 못한 아이가, 아빠가 있는 척 살아야 하는 건 얼마나 고된 일이었을까.

『나에게 소중한 것들』의 주인공이 한결이와 겹쳐서 떠올랐다. 주인공 소년은 아빠가 돌아가신 후에 엄마와 둘이 산다. 엄마는 아빠가 쓰던 물건을 모두 중고 가게에 가져간다. 그런데 분명 다 치웠던 물건들이 다시 하나씩 자리로 돌아온다. 어느 날 밤, 엄마는 몰래 아빠의 모자를 제자리에 두는 소년의 모습을 본다. 엄마는 아빠를 떠올리고 싶지 않아서 물건을 버렸고, 소년은 아빠를 기억하고 싶어서 물건을 찾아왔다.

한결이 어머니도 이 책의 엄마처럼 한결이에게서 아빠라는 존재를 지우고 싶었는지 모르겠다. 아빠에 관해 아무것도 알지 못하도록 막는 게 아이를 위한 길이라고 믿었을 테다. 나도 한부모 가정 아이들의 마음이 다칠까봐 되도록 엄마와 아빠의 이야기를 묻지 않았고, 엄마, 아빠가 주인공인 책을 보이지 않으려고 애썼다. 상처를 받지 않게 하는 것이 아이를 지키는 최선의 방식이라 믿었기 때문이다.

한결이를 보면서 생각했다. 기억하지 않고 말하지 않는 것만이 아이를 보호하는 길일까. 존재를 부정함으로써 행복해질 수 있을까. 혹시 부모가 외면하고 싶으면서 아이의 상처를 핑계 삼는 게 아닐까. 기억하거나 기억하지 않는 것은 아이의 선택이고 몫이 아닐까. 아이의 몫은 아이에게 돌려주어야 마땅하다.

한 존재의 빈자리를 채울 수 있는 건 무엇일까? 결국 다른 존재다. 지금 사랑하고 의지할 다른 존재가 가까이 있다면 힘이 된다. 외동딸의 하나뿐인 아들 한결이에게는 외할머니, 외할아버지라는 사려 깊고 따뜻한 가족이 있다. 한결이에게 『나에게 소중한 것들』을 빌려주며 엄마와 함께 읽어보라고 했다. 한결이 어머니께는 교실에서 벌어진 일을 말씀드렸다. 어머니는 한결이에게 아버지 이야기를 해주었고, 한결이는 답답했던 마음이 풀렸노라 말했다.

1학년 민지의 어머니는 민지가 한부모 가정이라는 사실을 친구들이 모르면 좋겠다고 했다. 어머니 마음에 공감하며 그렇게 하겠다고 약속했다.

민지는 아빠 이야기를 자주했다. 아빠랑 놀이 공원에 다녀왔고, 백화점이랑 식당에 갔고 이것도 저것도 아빠가 사준 거라고. 다른 아이들보다 훨씬 더 많이 아빠 이야기를 했다. 엄마가 시켜서일까, 민지의 상상 속 바람이 지어낸 이야기일까. 선생님이 모를 거라 믿고 어디까지가 진실이고 거짓인지 모를 아빠 이야기를 쫑알거렸다.

민지는 언제까지 거짓말과 함께 살아야 할까. 그 속에서 얼마나 쉽게 다치고 자주 아플까. 민지 어머니께 민지와 아빠 이야기를 나누고 싶다는 뜻을 전했다. 아빠에 대해 선생님에게 터놓아도 좋다는 말에 민지는 빗장을 풀고 가두었던 이야기를 꺼냈다. 욕심이 많은 민지는 친구들한테 지기 싫어서 아빠 이야기를 꾸며냈다고 고백했다. 상상 속 아빠는 친절하고 다정한 아빠여서 좋다고 했다. 하지만 현실의 아빠는 술만 마시고 엄마와 민지에게 소리 지르고 엄마를 때리는 아빠였단다.

그 일이 일어난 날, 엄마는 기절했는데 머리에서 피가 많이 나서 119에 실려 갔단다. 민지는 엄마가 죽는 줄 알고 무서워서 계속 울었다고 했다. 그날 이후 잠을 자려고 누우면 하루도 빼지 않고 그 순간이 떠올라서 잘 수가 없다고 했다.

아빠가 죽도록 미워서 다시는 보고 싶지 않지만 한 달에 한 번씩 아빠의 집에서 자야 한단다. 아빠 집에 가는 날이 끔찍이 싫다고 했다. 아빠 집에서는 잠들기가 더 무섭다고. 민지는 아빠 집에 갈 날이 다가오면 피가 나도록 열 손가락의 손톱 살을 물어뜯었다. 아이의 상태가 걱정되어서 어머니를 설득했고 민지와 어머니는 상담 치료를 받았다. 여러 달이 지나자 민지는 감추며 살던 손톱을 내어 보일 수 있게 되었다.

존재의 부재를 부정하고 살아가는 일은 어른에게도 아이에게도 버겁다. 아이의 동의 없이 그 부재를 감추기를 강요하는 일이 아이에게 얼마나 큰 상처를 주는지, 얼마나 고통스러운지 민지를 보면서 똑똑히 알았다.

어른은 어린이를 한없이 나약하고 미숙한 존재로 대한다. 어떻게든 보호하고 어려운 상황에서 비껴가게 해주려 애쓴다. 어린이를 늘 등 뒤에 숨기고 앞서가려고만 한다. 때로는 옆에 서고 때로는 뒤에 서고 때로는 마주 서기도 해야 함을 모른다. 상처를 치유하려면 반드시 마주 서서 상처를 드러내야 한다.

자신을 낳아준 부모의 존재를 부정하는 건 결국 스스로를 부정하는 일이다. 아이에게 자기 자신을 부정하라고 가르치는 일은 가혹하다. 엄마가 있는 척, 아빠가 있는 척, 거짓말해야 하는 아이들의 고통을 먼저 헤아려볼 일이다. 어른들은 자신의 두려움을 감추고 외면하거나 아이들에게 물려주지 말고, 아이들의 손을 잡고 현실과 직면해 헤쳐 나갈 용기를 북돋우면 좋겠다. 시간이 지나면 혼자 걸어가는 아이의 뒷모습을 바라볼 날도 올 것이다.

한결이와 민지의 이야기는 가족의 다양한 형태를 수용하는 데 엄격하고 편협한 시각을 가진 우리 사회의 민낯을 보여준다. 한부모 가족이 자기 형편을 숨기거나 포장하는 데 급급한 것은 사회 구성원들에게도 공동 책임이 있다. 가족의 다양성은 서로 다름을 존중하고 인정하는 대상이자, 수많은 특성을 이해하는 출발점이 되어야 한다.

"어린이는 언제까지나 어리지만은 않아요. 어린이는 손도 작고 발도 작지만 생각까지 작지는 않아요. 어린이가 사는 세상은 어마어마하게 커요."

그림책 『어린이』가 들려주는 이야기다. 어린이는 작지만 작지 않다. 저마다 한 세상과 우주를 품은 영혼들이다. 어린이가 사회의 편협한 시선에 상처받고 좌절하지 않도록, 세상의 편견에 맞설 힘을 기를 수 있기를 바란다. 어른이 먼저 시선과 편견에 대한 두려움에 맞설 때, 어린이는 자기 세상 안에서 기쁘고 즐겁고 슬프고 아파하며 어마어마한 세상을 가꾸어갈 수 있다.

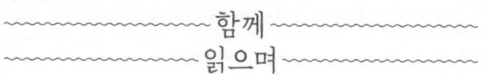
함께 읽으며

『우리 아빠는 알 로봇』__남강한 | 책속물고기

『나에게 소중한 것들』__피터 카나바스 | 이상희 옮김 | 시공주니어

『어린이』__베아트리체 알레마냐 | 곽노경 옮김 | 한솔수북

이렇게도 해보았어요

💬 주인공이 계란 장사를 하는 아빠를 부끄러워하지 않는 것은 무엇 때문인지 이야기 나눈다.

💬 좋은 장난감을 사주지 못한 주인공 아빠는 어떤 마음일지 생각해본다.

💬 학원차를 타러 가면서 뒤돌아보는 아이들은 어떤 생각을 했을지 이야기한다.

💬 만약 우리 아빠, 엄마가 로봇이라면 어떤 로봇인지 상상해본다.

💬 내가 바라는 엄마, 아빠의 모습은 어떤 로봇이고, 왜 그렇게 생각했는지 대화한다.

누가 그래요
아이들은 걱정이 없다고

아침에 오자마자 재현이가 받아쓰기 시험을 걱정한다. 틀려도 괜찮다는 내 말에 예진이가 덧붙인다.

"맞아, 우리 반은 '틀려도 괜찮아 반'이잖아."
"그래도 안 돼. 엄마가 천 원 준 거 다시 빼앗아간단 말이야."

재현이를 보면서 다른 아이들도 틀릴까봐 걱정하는지, 혹은 다른 걱정도 있는지 궁금해졌다. '아홉 살 아이들에게 무슨 걱정이 있겠어.' 하고 여기는 사람도 있을 것이다. 그렇다면 『겁쟁이 빌리』를 읽어야 한다.

빌리는 걱정이 많은 아이다. 모자, 신발, 구름, 비, 커다란 새, 모든 걸 걱정한다. 엄마와 아빠가 빌리를 지켜줄 거라고 말해도 걱정은 사라지지 않는다. 할머니 댁에서 자던 날, 빌리는 잠 못 이루다가 할머니에게 마음을 털어놓는다. 할머니는 자신도 어렸을 때 빌리처럼 걱정이 많았다면서 자그마한 걱정 인형을 준다. 잠들기 전에 걱정을 하나씩 이야기하고 인형을 베개 밑에 넣어두면, 자는 동안 인형이 대신 걱정을 해준단다.

아이들에게 빌리처럼 걱정이 있어서 잠을 못 잔 적이 있었는지, 지금 무얼 걱정하는지 물었다. 있다면 가장 걱정되는 일을 한 가지씩 써보기로 했다.

종인이는 지난번에 엄마가 자신이 아끼는 장난감을 마음대로 버렸어서 또 그런 일이 있을까 걱정이라 한다. 지혁이는 공부 못하면 아빠가 게임기를 버리겠다고 엄포를 놓았단다. 예전에 집에 도둑이 들었던 철민이는 도둑이 또 올까봐 걱정이다. 다혜는 아빠가 집에 오면 게임을 하는데 열 번 더 하면 엄마가 쫓아낼 거라면서 울상이다. 의령이는 자기 엄마도 게임을 좋아하는데 게임에 지면 안 된단다. 엄마 기분이 안 좋아지면 혼날 수도 있으니까. 수연이는 잘 때 엄마와 아빠가 싸울까봐 걱정이다. 자는 척 이불을 쓰고 있지만 안 자고 다 듣는단다. 가슴이 두근두근하고 눈물이 나올 때도 있다고 했다. 엄마, 아빠가 이혼하면 어떡하냐며 고개를 떨어뜨렸다. 환경 오염과 전쟁을 걱정하는 아이도 있었다.

아이들의 걱정은 장난감, 가족, 공부, 게임, 귀신과 도둑, 헤어짐, 전쟁과 환경까지 경계가 없다. 가장 많이 걱정하는 대상은 가족이었다. 가족이 아플까봐, 다칠까봐, 죽을까봐 진심으로 걱정했다.

아이들에게 걱정을 해결할 방법을 찾아보자고 제안했더니, 빌리처럼 걱정 인형을 만들고 싶단다. 걱정 인형은 집에 가져가고 걱정 풍선도 불어서 놀기로 했다. 인형에 이름을 붙이고 풍선에 걱정거리를 쓰던 날, 파티장이 따로 없었다. 교실에서 놀다가 운동장으로 나가 걱정을 던지고 차면서 실컷 놀았다. 집에 갈 시간까지 풍선이 그대로인 아이들은 과격하게 혹은 소심하게 걱정을 터트렸다. 풍선이 터질까봐 가만가만 놀던 미혜는 풍선을 터트리지 않고 가져가겠다고 했다. 그래, 바람이 빠져서 풍선이 쪼그라들면 걱정도 쪼그라들겠지.

다음 날, 베개 밑에 걱정 인형을 넣어두고 잔 아이들의 후기가 쏟아졌다.

"선생님, 저 어제 걱정 없이 잤어요! 걱정 인형한테 꿈에 귀신 나타날까봐 걱정이라고 했는데 안 나타났어요."
"너도? 나도 그랬는데. 나도. 나도."
"걱정 인형 없어질까봐 걱정이라고 했는데 그대로 있었어요."

나는 늘 아이들에 대해 많이 알고 있다고 착각하는데 사실 모르는 것 투성이다. 아이들을 볼 때면 걱정 없어서 좋겠다고 생각하곤 했는데, 걱정이 이리 많으니 말이다. 어른의 마음도 그렇지만 아이들의 마음도 자세히 들여다보지 않으면 알 수 없다.

걱정이 많아서 걱정인 도마뱀 주주의 이야기 『걱정 상자』도 아이들과 걱정을 나누기에 좋은 책이다. 친구의 걱정을 해결해주려는 호랑이 호는 커다란 상자에 걱정을 담으라고 한다. 상자가 너무 많아지자 둘은 상자를 멀리 날려보내고 예쁘게 꾸며서 나무에 달기도 한다.

다음 해, 1학년 아이들과 색종이로 작은 상자를 만들고 걱정을 써서 넣은 뒤 나무 모형에 매달아두기로 했다. 가끔 상자를 열어보고 그 걱정이 없어졌으면 종이를 버리고, 아직 걱정이 남아 있으면 자신이 떠올린 방법대로 걱정을 해결하기로 정했다.

학년을 마무리하는 2월, 걱정이 없어진 아이들은 홀가분한 표정이었다. 그럼에도 어떤 걱정들은 아직 남아 있었다. 영준이가 걱정 종이를 먹어서 없애겠다고 하자 다들 말렸다. 걱정이 똥으로 다시 나올 텐데 그땐 어떡할 거냐는 말에 영준이도 망설였다. 그러다 종이를 멀리 날리거나 땅속에 묻겠다는 아이들을 따라서 나가버렸다. 나는 아이들의 행적이 궁금했지만 따라나서지는 않았다. 이런 날은 신나는 무용담을 들어주는 편이 더 좋다.

어찌 된 일인지 진형이는 쪽지를 다시 들고 와서 만지작거리기만 했다. 엄마와 아빠가 헤어진 뒤 엄마랑 형이랑 사는 진형이의 걱정은 딱 하나였다.

"엄마가 죽을까봐 걱정이다."

세상에 자신을 지켜줄 울타리가 엄마뿐이라는 생각에 마지막까지 걱정을 어찌하지 못했나보다. 진형이에게는 땅속에 묻어도 사라지지 않을 걱정이었을 테니까. 그날, 진형이는 어떤 걱정은 그림자처럼 달라붙어서 떼어내기 어렵다는 걸 깨달았을지도 모른다.

아이들은 귀신, 좀비, 도둑, 사고 등 많은 걱정거리가 실제로는 일어나지 않는다는 사실을 알았을 거다. 어떤 걱정은 시간이 지나면서 자연스럽게 사라지거나, 스스로 해결할 수 있다는 점도. 진형이와 아이들이 그림자 같은 걱정의 무게에 눌려 지내지 않으면 좋겠다. 제힘으로 어찌할 수 없는 일에도 더 이상 두렵지 않은 날이 오기를 바란다.

『겁쟁이 빌리』와 『걱정 상자』에는 걱정을 함께 나누는 가까운 존재가 있다. 빌리는 다정한 엄마, 아빠, 할머니가 걱정을 들어주었다. 주주에게는 걱정을 듣고 행동에 나서는 친구들이 있다. 걱정은 혼자서 낑낑대지 않고 누군가에게 말할 때 줄어들기도 하고, 해결점을 찾을 수 있음을 아이들도 눈치챘을까?

걱정 인형이나 걱정 상자를 만든 날의 숙제는 내 걱정을 가족에게 이야기하고 식구들의 걱정도 함께 나누는 거다. 어른이 걱정을 이야기하면 아이들은 어떻게 반응할까? 요즘 밤에 잠이 오지 않아 걱정이라는 나의 말에 아이들은 이렇게 조언했다.

"선생님, 따뜻한 우유 마셔봐요. 내가 잠이 안 온다고 하면 엄마가 우유를 줘요."

"다른 고민 있는 거 아니에요? 고민 있으면 잠이 안 오잖아요."
"걱정 인형한테 말하고 자요. 안 되면 내 인형도 빌려줄게요."

아이들은 내 말을 진지하게 들어주고 충고도 아끼지 않았다. 이후에도 내가 잠을 잘 자는지 진심으로 걱정해주었다. 아이들의 걱정에 내 걱정을 하나 더 얹어준 거라고는 생각하지 않는다. 걱정은 자신을 아끼고 상대방을 아낄 때 생겨나는 사랑의 한 면이기 때문이다.

성장하면서 아이들은 가족을 넘어 친구, 이웃, 사회를 향해 나아간다. 학업을 비롯해 다양하고 복잡한 걱정도 생긴다. 상대적으로 걱정이 적고 단순했던 어린 시절에 가까운 관계 안에서 걱정을 건강하게 풀어가는 경험을 가진 아이들은, 더 넓은 세상 속에서도 걱정에 휘둘리지 않고 그걸 잘 다스리는 방법을 찾아갈 수 있을 테다.

저학년 때는 꽁무니를 졸졸 쫓아다니면서 자기 이야기를 늘어놓던 아이들이 중, 고학년이 되면서 말수가 줄어든다. 숨기고 싶은 일이 생기고 걱정을 얼버무리거나 감춘다. 이때 가장 가까운 존재인 가족이 마음을 살피는 게 중요하다. 보호자와의 관계가 튼튼한 뿌리를 내리고 있다면 아이들은 자신의 힘들고 아픈 부분도 보여줄 것이다. 그러기 위해서는 서로의 거리가 멀어지지 않도록 소소한 이야기를 나누는 일상이 필요하다.

아이들은 "어린애가 별걱정을 다 하네."라는 말이 듣기 싫다고 했다. 아이들과 걱정을 나눌 때 유의할 부분이다. 아이의 이야기를 들어주면서 보호자도 자신의 걱정을 솔직히 터놓는 게 중요하다. 어린이가 어른의 걱정을 해결해주기는 어렵지만, 아이들은 존중받음을 느끼면서 어른들의 입장도 헤아려볼 수 있다.

다만, 가족은 가장 가까우면서 먼 존재다. 그 관계는 온전한 이해와 사랑으로만 이루어지지 않는다. 사랑이란 이름으로 상처주고 사랑이란 이름으로 정당화하며, 때로 서로의 걱정과 상처를 모르는 척한다. 부모에게 받은 상처를 대물림하거나, 타인에게는 조심스럽고 관대하면서도 가족에게는 상처를 주기도 한다.

인간이 원래 불완전한 존재이기에 상처를 주고받을 수밖에 없다면 치료하며 살면 되지 않을까. 곪기 전에 약도 바르고 밴드도 붙이면 새살이 돋아나니까. 작은 상처에 상처를 덧입혀 봉합할 수 없을 만큼 커진 채로 오랜 시간을 살아가기란 어렵다. 가족 안에서 해결할 수 없다면 친구나 주변 어른에게 의견을 구할 수도 있고, 한계가 있을 때는 병원이나 상담 기관을 찾아 도움받는 것도 지혜로운 방법이다.

받아쓰기 백 점과 천 원 사이에서 걱정하던 재현이가 친구들에게 받은 처방은 백 점을 못 맞으면 천 원을 홀라당 쓰고 집에 가는 거였다. 멋진 방법이다! 하지만 80점을 맞은 재현이는 혼날까봐 돈을 못 썼고 걱정은 현실이 되었다. 다음 날, 재현이를 응원했던 우리는 엄마에게 천 원을 뺏긴 소식에 함께 속상해했다.

어른은 천 원 한 장으로 어린이를 천국과 지옥으로 보내는 존재다. 나 역시 그동안 얼마나 작은 일로 아이들을 쥐락펴락했을까. 나에게 천 원은 무엇이었을까. 중간놀이, 체육 활동, 자유 시간, 책 읽어주기, 숙제, 수도 없이 많겠지. 천국과 지옥행 티켓으로 써먹으며 아이들을 걱정시키던 카드를 꺼내어보자. 나의 쪼잔함과 마주하고 실컷 부끄러워하자. 슬그머니 다시 카드를 만들 수도 있지만 일단 다 버리자. 끝까지 만지작거리며 미련을 갖는 것이야말로 꼭 버려야 하는 카드임을 기억하면서.

함께 읽으며

『겁쟁이 빌리』__앤서니 브라운 | 김경미 옮김 | 비룡소

『걱정 상자』__조미자 | 봄개울

『그 녀석, 걱정』__안단테 글 | 소복이 그림 | 우주나무

이렇게도 해보았어요

- 💬 내 걱정을 글로 쓰고 친구들과 이야기한다.
- 💬 친구의 걱정을 듣고, 해주고 싶은 말이나 해결 방법이 있는지 떠올린다.
- 💬 걱정을 터놓기 전후에 달라진 점이 있는지 이야기 나눈다.
- 💬 걱정 인형과 걱정 풍선을 만든다.
- 💬 걱정 상자에 걱정을 써서 담는다. 가끔 꺼내어 읽고 걱정이 해결되면 종이를 버린다. 상자 안에 끝까지 남아 있는 걱정은 원하는 방법으로 해결한다.
- 💬 가족들과 걱정을 나누는 시간을 보낸다. 부모님의 걱정, 내 걱정을 이야기한다.

어두운 그림책을 보는 이유

 또다시 4월. 바쁜 생활 속에 희미해진 '기억하겠다'는 약속을 떠올리면 가슴이 뻐근해진다. 2014년 4월 16일, 세월호 사고가 일어난 다음 날, 1학년 아이들과 함께 『큰 고니의 하늘』을 읽었다. 홋카이도 섬에 사는 고니 가족의 이야기다. 복수초가 피는 봄이 되면 북쪽으로 떠나야 하는 고니 가족은 다른 무리가 다 떠난 뒤에도 망설이고 있었다. 아파서 날지 못하는 막내가 있어서다. 가족들은 여러 날을 보내다 더 이상 지체할 수 없어서 떠나기로 한다. 호수를 가로질러 울면서 따라오는 막내 고니를 두고서.
 혼자 남은 막내 고니는 어떡하냐고 아이들의 원망이 터

져 나온다. 다시 돌아올 거라고, 그래야 한다면서 빨리 다음 장을 읽자고 재촉한다. 책장을 덮고 가족을 잃은 슬픔이 어떤 마음일지 헤아려봤다. 그리고 세월호 이야기를 꺼냈다. 언니, 오빠, 누나, 형, 선생님이 기다리는 가족의 품으로 돌아오기 바라며 노란 종이배를 접고 하고 싶은 말을 썼다.

'언니, 오빠들, 누나, 형들, 선생님들, 힘내세요.'
'엄마, 아빠. 슬퍼하지 마세요.'
'꼭 돌아와요. 사랑해요.'

종이배 안에는 보고 싶은 가족사진도 그려 넣고, 무섭지 않게 곰 인형도 넣고, 배고프지 않게 따뜻한 음식도 넣어주었다. 아이들은 바다는 추울 거라며 따뜻한 옷과 담요를 넣는 것도 잊지 않았다. 종이배를 보며 하루에도 몇 번씩이나 몇 명을 구했느냐고 내게 물었다.

꺼이꺼이 우는 아이도 있었다. 괜찮다고, 걱정하지 말라고, 무사할 거라고 말해주어야 하는데 그럴 수 없었다. 희망은 움켜쥔 손가락 사이로 빠져나가는 모래 같아서, 그저 아이를 보듬고 이를 악물었다. 어느새 다른 아이들도 하나둘 내 곁으로 다가왔다. 양손을 겹겹이 두르고 어깨동무를 한 채 너도 나도 울기 시작했다.

계절은 돌고 돌아 벚꽃은 봄을 데려오고 어김없이 4월이 찾아든다. 올봄, 아이들과 아홉 번째 세월호를 이야기했다. 세월호 이야기를 나눈 날에는 부모님들의 걱정 섞인 목소리를 듣기도 한다. 어른들의 일이고 아직 어린 아이들이 왜 그 이야기를 알아야 하느냐, 왜 그런 부분까지 교육하느냐는 것이다. 부모님의 마음이 어떤지 이해한다. 어른의 잘못을 알려줘서 아이들 마음이 아플까 걱정이고 괜한 원망을 쌓는 게 옳지 않다는 마음일 테다.

지난번에 현영이가 뉴스에서 봤다면서 '정인이' 이야기를 꺼냈다. 양부모는 나쁘단다. 누군가 또 정인이처럼 양부모에게 폭행당하고 죽을 수도 있으니 입양은 절대 하면 안 된다며 목소리를 높였다. 어른들의 생각과 달리 아이들은 매체를 통해 여러 소식을 접한다. 그때 오히려 현영이처럼 잘못된 판단으로 두려움에 갇힐 수도 있다. 그러니 어린이도 사회의 문제를 알고 함께 고민해볼 기회를 얻어야 한다. 종이배를 접으며 타인의 아픔에 공감했듯 주변에서 일어나는 일을 자각할 때, 고통받는 이들을 외면하지 않고 함께할 수 있다. 자신이 고통받을 때 누군가의 도움을 받을 수 있으리라는 희망과 믿음도 생길 것이다.

아이들과 나눌 사회 이야기는 무궁무진하다. 안전 문제부터 난민과 인권, 성인지 감수성, 다문화, 생명과 기후 환경, 위안부 피해자와 역사, 학교 폭력과 가정 폭력까지. 교직에 몸담은 사람으로서 피할 수 없는 과제다. 요새 민감한 문제 중 하나는 성인지 감수성에 관한 것이다.

3학년 성현이는 분홍색을 좋아한다. 특별한 날에는 아끼는 형광 분홍색 티셔츠를 입고 학교에 온다. 여자 친구들이 하는 머리띠도 갖고 싶고 치마도 입고 싶단다. 예전에 만났던 정아는 공으로 하는 놀이라면 무엇이든 좋아하고 잘했다. 특히 축구와 피구를 좋아했고 중간놀이 시간에는 남자아이들 틈에서 지지 않고 공놀이를 하며 시간을 보냈다. 치마는 운동하기에 불편하다며 입지 않았다.

"선생님, 강준이가 자꾸 저한테 변태래요."

성현이가 '여자 색깔'을 좋아한다는 이유로 '변태'라는 말을 들은 날, 나는 아이들에게 정아 이야기를 꺼냈고 『디스코 파티』라는 책을 읽어주었다.

『디스코 파티』 속 피나는 유치원에서 제일 예쁘고 똑똑한 여자아이다. 거기다 축구도 잘하고 잘 논다. 책 속의 '나'

는 분홍색, 장미색, 보라색을 좋아하는 남자아이다. 피나가 준 분홍색 원피스에 레깅스를 입고 유치원에 갔는데 에디가 놀라서 쳐다봤다. 에디 아빠도, 선생님도, 남자애가 여자애 옷을 입는 건 안 어울린다며 공룡 티셔츠를 입으라고 한다. 한편 일요일 축구 시합에 나가려던 피나는 여자라서 안 된다는 말을 듣는다. 어째서 안 되는 걸까?

책을 다 읽은 뒤 아이들과 무엇이 어째서 안 되는지 생각을 나누고, 성별에 따라 '된다, 안 된다'는 말을 들은 경험을 주고받았다. 남자 색, 여자 색, 남자 놀이, 여자 놀이 같은 게 따로 있는지도 이야기했다. 아이들이 내린 결론은 좋아하는 색, 좋아하는 놀이처럼 서로 다른 취향이 있을 뿐 안 될 까닭은 없다는 거였다. 더 이상 누구도 성현이를 변태라고 놀리지 않았다. 사실은 자기도 입고 싶었는데 놀림받을까 봐 못 입었다면서 남자아이들이 분홍색 옷을 입고 오는 게 유행하기도 했다. 치마가 취향이 아닌 여자아이들은 자기가 이상한 게 아니었다며 속이 시원하다고 웃었다.

우리는 갓난아이 때부터 사람이란 존재를 남자와 여자로 구분해 틀 속에 가둔다. 서로의 다름을 강조하며 영역을 가른다. 어릴 때부터 성인지 감수성을 키워야 하는 중요한 이유이다.

더 나아가 성 다양성과 우정에 관해 생각해볼 책도 있다. 『그래도 넌 내 친구!』에는 단짝인 에롤과 곰인형 토마스가 등장한다. 날마다 함께 놀던 어느 날, 토마스에게 고민이 생긴다. "난 말이야… 진짜 나로 살고 싶어. 예전부터 내 마음은 느끼고 있었어. 내가 남자 곰이 아니라 여자 곰이라는 걸." 에롤은 토마스에게 여자 곰이든 남자 곰이든 상관없다고 대답한다. 중요한 건 네가 내 친구라는 사실이라고. 또 다른 친구 에바도 이름을 바꾼 틸리(토마스)에게 어떻게 행동하든 네가 행복하면 된다고 말한다.

아버지가 트랜스젠더 여성이었던 작가는 어린 아들에게 성과 가족의 다양성에 대해 쉽게 설명해주려고 이 책을 썼다고 한다. 먼 이야기가 아니다. 작가의 사례처럼 가족이나 친구, 이웃의 사연일 수도 있다. 3학년 아이들과 함께 이 책을 읽고, 어느 날 단짝 친구가 토마스처럼 말하면 어떨 것 같냐고 물었다.

"그게 뭐 어때서요? 그래도 친구는 친구잖아요."

망설임 없이 돌아온 답이다. 이런 소재가 담긴 책을 읽고 대화하는 것이 아이의 성 정체성에 혼란을 줄 수 있다는 건 어른들만의 착각 아닐까. 어린이는 어린이의 눈높이만큼 세상을 이해하고 받아들인다. 열 살은 열 살 만큼, 열세 살은 열세 살 만큼. 그저 나이와 생각의 차이만큼 달리 이야기를 나누면 된다. 어린이들이 모든 사람은 그 자체로 소중하고 존엄하다고 마음에 새기면 좋겠다. 다름이 혐오가 되지 않고 존중받는 세상을 꿈꾸기를 바란다.

따돌림과 학교 폭력도 심각한 사회 문제가 된 지 오래다. 25명의 5학년 아이들 틈에서 윤지는 말이 없었다. 나는 윤지를 어느 교실에나 있는 아이, 천천히 마음을 열어갈 아이라고만 생각했다. 그런데 서연이 어머니가 윤지가 따돌림을 당한다고 귀띔해주었다. 회장이 된 서연이는 윤지를 챙기고 싶은데 그러면 자신도 따돌림을 당할 것 같고, 선생님에게 말하자니 고자질쟁이가 되는 것 같아서 이러지도 저러지도 못하고 있었단다. 다음 날 여자아이들을 설득해서 사연을 들었다.

"3학년 때 수업 시간에 오줌을 싼 적이 있어요. 그때부터 애들이 선생님 모르게 엄청 놀렸어요. 그러다 한 번은 운동장에서 누가 버린 사탕을 주워 먹는 걸 봤대요. 그다음부터 자연스럽게 은따, 전따가 됐어요."

학생들만 알고 선생님들은 모르게 따돌림이 이어져왔다니 기가 막혔다. 괴롭히기는 일종의 놀이로 선생님이 자리를 비우는 순간 시작된단다. 일부러 윤지 쪽으로 친구를 밀치고 바이러스가 옮았다면서 쓰러지고, 좀비가 되어 바이러스를 퍼트리겠다며 친구들을 잡으러 다닌다. 밀치면 넘어지고 다시 앉으면 또 밀쳐지며 윤지는 묵묵히 버티는 법을 익혔다. 욕하면 듣고, 괴롭히면 당하고, 때리면 맞았다. 평소 유머가 넘치고 예의 바른 모습 때문에 선생님들이 아끼던 정빈이를 중심으로 따돌림이 가해졌다는 사실도 충격이었다.

아이들과 여러 번 토의한 뒤 스스로 사과하고 화해하는 과정을 통해 해결책을 찾아 나섰다. 윤지가 가장 하고 싶은 일은 친구들과 밖에서 노는 거였다. 1년 반 만에 친구들과 어울려 운동장으로 나섰지만, 결과는 참담했다. 윤지는 뒤통수에 축구공을 맞고 날아오는 돌멩이를 피해 간신히 도망쳐 교실로 돌아왔다. 다른 반 아이들에게 봉변을 당한 거다. 교사 협의와 학급별 협의를 통해 전체 학생들을 함께 지도했다. 지난한 싸움이었다. 그러나 윤지 어머니는 사건화를 바라지 않았고, 폭력에 무기력하게 길들여진 윤지는 싫다고 표현하는 것을 두려워했다. 사라지지 않은 은근한 따돌림이 여전히 아이들 주변을 맴돌았다.

이 모든 일은 '공감 능력의 부재'에서 시작된다. 요즘 아이들은 '친구가 아프겠구나, 힘들겠구나, 속상하겠구나.' 하고 공감하는 대신, '나만 아니면 된다.'며 상황을 외면한다. 이때 어른이 할 일은 법으로 아이들을 통제하기 이전에, 아이들이 왜 약자를 괴롭히고 분노를 쏟는지 들여다보는 것이다. 공감하는 능력이 부재한 건 공감 받아본 경험이 없기 때문이다. 자신의 감정을 충분히 공감받지 못하며 성장한 아이들은 타인의 감정에 둔감하다. 그렇게 자란 청소년, 어른이 일으키는 사회 문제는 더욱 심각하다.

아이들의 사람됨을 공부와 점수로만 평가하는 구조가 아이들을 벼랑 끝으로 내몰고 있다. 지금 아이들에게는 따뜻한 관심과 사랑 그리고 충분한 공감이 필요하다. 가장 중요한 역할은 가정과 학교가 할 수 있다. 가족, 친구, 선생님, 이웃과의 관계를 통해 공감하는 힘을 키워주어야 한다.

교육은 '무엇이 될지'가 아니라 '어떻게 살아가야 할지'에 대한 답을 구하는 일이다. '무엇'은 지식 교육의 등수와 등급으로 신분을 결정한다. '어떻게'는 바른 인성으로 삶의 태도를 결정한다. 스스로 살아갈 힘을 기르고, 타인을 존중하며 더불어 살아가는 것이 교육의 목표가 될 때 우리가 맞닥뜨린 문제에 대한 해결책을 찾을 수 있다.

슬픔을 슬픔으로 함께하는 게 어린이고, 알려주면 다름을 존중하는 게 어린이고, 잘못을 인정하고 새롭게 노력하는 존재도 어린이다. 이런 어린이들에게 희망의 끈을 쥐여주기 위해서는 어른이 어린이와 사회 문제를 공유해야 한다. 불행이 반복되지 않도록 약속하고 책임져야 한다. 공동체가 살아가기 위해서는 연대의 힘이 필요하다. 혼자가 아니라 함께, 교사와 부모와 함께, 사회의 구성원들과 함께해야 한다.

그 힘든 길 위에 그림책이 있어서, 그림책을 만나서 다행이다. 어려운 문제를 함께 풀어갈 물꼬를 트도록 도와주니 말이다. 아이들이 보는 그림책이 왜 이렇게 어두운 이야기를 하느냐고 막아서는 이들도 있다. 그들은 아이들에게는 즐겁고 행복하고 희망 가득한 이야기만 들려주어야 한다고 주장한다.

하지만 과연 온실 속 화초처럼 자란 아이들이 세상에 나오면 수많은 어려움을 감당하며 설 수 있을까? 우리 사회의 문제를 속속들이 다루는 책, 문제를 제기하고 질문을 던지는 책, 불편하고 외면하고 싶은 책이 더 많아져야 한다. 힘들수록, 두려울수록 마주 봐야 알 수 있고 무언가 시도할 수 있다.

세월호에 갇힌 언니 오빠들을 생각하며 울던 아이와 어

깨동무하며 슬픔을 나누던 아이들처럼, 모든 어린이가 세상이란 지붕 아래 어깨동무하고 살아가기를 바란다. 그것이 자신을 지키고, 오늘을 살아낼 용기가 필요한 누군가를 지키는 일임을 알아가기를.

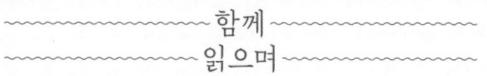

함께 읽으며

『큰 고니의 하늘』__테지마 케이자부로오ㅣ엄혜숙 옮김ㅣ창비

이렇게도 해보았어요

💬 역사와 평화, 인권과 다문화, 성평등, 생명과 환경, 폭력 등 사회 문제와 관련된 그림책을 읽는다.
💬 평화, 생명, 평등, 환경을 지킬 수 있는 일을 이야기한다.

역사, 평화에 관련된 그림책

『꽃할머니』・『오늘은 5월 18일』・『봄꿈』・『평화란 어떤 걸까?』・『나무 도장』・『내 목소리가 들리나요』・『강냉이』・『숨바꼭질(김정선)』・『비무장지대에 봄이 오면』

난민과 인권, 다문화에 관련된 그림책

『돌아오지 못한 아이들』・『거짓말 같은 이야기』・『긴 여행』・『희망이 내리는 학교』・『꼬마 난민, 아자다』・『우산을 쓰지 않는 시란 씨』・『암란의 버스/야스민의 나라』" ・『나는 인도에서 왔어요』・『다름』・『이모의 결혼식』

» 독립출판물.

성인지 감수성, 성평등에 관한 그림책

『그래도 넌 내 친구!』・『디스코 파티』・『소녀와 소년, 멋진 사람이 되는 법』・『뜨개질하는 소년』・『인어를 믿나요?』・『노를 든 신부』・『별별남녀』・『여자 놀이, 남자 놀이? 우리 같이 놀자』

생명과 기후 환경에 관한 그림책

『서로를 보다』・『하얀 기린』・『눈보라』・『돼지 이야기』・『이빨 사냥꾼』・『7년 동안의 잠』・『꿀벌의 노래』・『고라니 텃밭』・『연필』・『밀어내라』・『우리 여기 있어요, 동물원』・『이렇게 같이 살지』・『09:47』・『할머니의 용궁 여행』・『안녕! 만나서 반가워』・『플라스틱 섬』・『다시 초록 섬』

학교 폭력과 가정 폭력에 관한 그림책

『보이지 않는 아이』・『내 탓이 아니야』・『모르는 척』・『One 일』・『책가방』・『친구를 모두 잃어버리는 방법』・『앵그리맨』・『우리 집에 늑대가 살아요』・『달 밝은 밤』

잡아주지 못한 손

바닷가 작은 집에서 커튼을 걷어 아침을 맞는 엄마 손이 잠든 아이를 깨운다. 아이는 언니가 따라주는 우유를 컵에 받는다. 곁에는 우유를 기다리는 고양이가 있다. 엄마 손이 전해준 사랑은 아이에게서 고양이에게로, 아빠 손의 사랑은 걸음마 하는 동생 손으로 이어진다. 블록 놀이를 하고 양말 짝을 맞추고 씨앗을 심는다. 가시를 뽑아주고 자전거도 잡아준다.

『손으로 말해요』는 우리의 손이 모든 일을 다 한다는 걸 말해준다. 책장을 넘기다 오늘 내 손은 만나는 사람들에게 어떤 손이었나 돌아보았다. 반가이 맞아주는 손이었는지,

살피고 도와주는 손이었는지, 손뼉 치며 즐거워하는 손이었는지, 잘못을 지적하는 손이었는지, 혹시 누군가 내민 손을 못 본 건 아닌지, 못 본 척하지는 않았는지.

교직 첫해, 잡아주지 못한 손이 있었다. 누구에게 들킬까 단단히 자물쇠를 채워서 꽁꽁 숨겨둔 이야기. 그 손을 놓은 나 자신을 몰아세웠다. '네가 그러고도 교사야? 자격이 있어?' 부끄러운 어제는 숨긴 채 오늘을 살았고, 희망 있는 내일을 맞고 싶은 욕심으로 버티고 또 버텼다.

22년 전, 6학급의 작은 초등학교로 기간제 발령을 받았다. 경제적 환경이 좋지 않은 지역이었고 5년째 같은 반에서 지내는 서른두 명의 5학년 아이들은 서로를 속속들이 알았다. 아픈 곳을 자주 건드렸고 날마다 치열하게 싸웠다. 여러 해 곪았던 왕따 문제도 수면 위로 드러났다. 처음 접하는 많은 업무에 치이느라 버거웠고 생활 지도와 학습 지도 등 모든 게 미치도록 힘들었다.

그 아이는 장기 결석생이었다. 4학년 때부터 거의 학교에 나오지 않았다고 한다. 심지어 가족들도 아이의 행방을 모른다고 했다. 봄 운동회 날, 모르는 아이가 운동장에서 그네를 타고 있었다. 누군가 손가락으로 그 애를 가리키며 우리 반이라고 귀띔했다. 반가운 마음에 한걸음에 달려갔다.

열두 살처럼 보이지 않는 작고 마른 체구의 아이였다.

"네가 건우구나."
"누구세요?"
"5학년 선생님이야. 건우야, 집에 다시 온 거야?"

건우는 멀뚱히 나를 한 번 쳐다보더니 다시 그네를 탔다.

"학교에 오고 싶지 않아? 다시 나오면 어떨까?"

다른 아이들은 건우가 학교에 오지 않으면 좋겠다고 했으니, 친구들이 기다린다는 식의 거짓말은 할 수 없었다. 건우는 생각해보겠다며 귀찮다는 듯 그네에서 풀쩍 뛰어내려 교문을 나섰다. 뒤통수에 대고 다시 큰 소리로 말했다.

"기다린다. 기다릴게. 언제든 꼭 나와!"

아이들은 그런 나에게 핀잔 섞인 말을 건넸다.

"선생님, 건우 나오면 골치 아플걸요. 학교 오면 돈이랑 물건 훔친단 말이에요."

"쟤 본드도 해요. 그리고 와봤자 조직 형들이 다시 끌고 갈 거예요."

"걔네 형도 사고 치고 집 나갔어요. 엄마는 사기 쳐서 교도소 갔어요."

"가족도 포기했는데 선생님이 왜 그래요?"

아이들은 소설에서나 나올 법한 이야기를 태연하게 읊었다. 잠시 후회와 두려움이 밀려들었지만 이내 고개를 저었다.

다음 날, 거짓말처럼 건우가 학교에 왔다. 반가운 마음에 덥석 안아주고 싶은 걸 참고 허둥거리며 맞이했다. 힐끔 쳐다보고 고개를 돌리는 표정으로는 한 줄의 마음도 읽을 수 없었다. 건우 몸에서는 냄새가 심하게 났다. 알고 보니 씻지 않은 데다 담배와 술, 본드가 엉킨 냄새였다. 아무도 옆에 앉으려 하지 않아서 건우는 혼자 앉았다. 이후로 건우는 드문드문 학교에 왔는데 그럴때마다 돈이 없어지고 물건이 사라졌다. 아이들은 의심이 아닌 확신을 했고 불만은 커졌다.

"건우가 가져갔어요. 건우 자리 뒤져 봐요. 당장."

"나 안 가져갔거든! 증거 대봐."

"예전에도 그랬잖아. 어디다 잘 숨겨뒀겠지. 도둑놈 새끼야."

"뭐? 도둑놈 새끼? 씨발. 이 새끼가."

확신은 불만으로, 불만은 욕설과 몸싸움으로 번졌다. 함부로 의심하면 안 된다고 말하는 내 입에서도 절로 한숨이 나왔다. 건우는 억울하다는 말만 되풀이했다.

건우네는 재혼 가정으로 형은 집을 나갔고, 만삭인 엄마는 교도소에 있었다. 아버지는 연락과 상담을 거부했다. 어떻게 해야 할지 막막했다. 건우가 학교에 오는 날에는 팽팽한 긴장감이 가득했고 끊임없이 아이들을 감시해야 했다. 무언가 없어지면 돈이나 비싼 물건은 가지고 다니지 말라며 괜히 다른 아이들을 탓했다. 아이들은 모두 한마음으로 나를 탓했다. 선생님이 건우를 학교에 오게 해서 벌어진 일이라는 거였다. 나 역시 건우가 학교에 오지 않는 날은 긴장을 풀고 한숨을 돌렸다.

그러다 어느 날, 나는 건우에게 주워 담을 수 없는 말을 뱉어버렸다. 밤새 본드를 했는지 눈이 풀리고 혀가 꼬여 어제 마신 술 이야기를 하는 건우를 거칠게 제지했다. 계속 이러면 학교에 나올 수 없다고 고함을 쳤다. 아차 싶었지만 주변 공기는 이미 싸늘해졌다. 놀란 아이들이 숨을 죽이며 나를 응시하고 있었다.

거짓말처럼 학교에 나타났던 건우는 다시 거짓말처럼 사라졌다. 아버지는 건우를 끌고 다니는 조직에서 데려간 것 같다며 여러 번 겪은 일이라고 말할 뿐이었다. 예전부터 자식 없는 셈 치고 살았으니 더 이상 신경 쓰지 말라고도 했다. 아이를 학교에 나오게 하라는 소리도 다시 듣기 싫다고 했다.

전화기를 든 손이 바들바들 떨렸다. 그러고도 당신이 부모냐고 따져 묻고 싶었다. 부모가 포기하면 이 아이는 누가 받아주느냐고, 건우는 어떻게 살아야 하느냐고 소리치고 싶었다. 그 무렵 막 부모가 되어 세상을 다 얻은 것 같던 나는 아이를 버리겠다는 부모를 이해도 용서도 할 수 없었다. 건우 부모님을 향한 분노는 건우를 위해 할 수 있는 일이 없는 무력한 나 자신을 향한 분노이기도 했다.

세월이 오래 흐르고 나서야 건우 아버지의 삶도 헤아려 보았다. 잘 살려고, 아이를 잘 키워보려고 노력하지 않는 부모가 세상천지 어딨을까. 아이를 포기하고 자신만 행복하게 살 수 있는 부모는 없을 것이다.

건우가 사라지고 미안함과 걱정으로 잠을 이루지 못했지만 교실에는 평화가 찾아왔다. 아이들의 잦은 다툼도 별것 아닌 듯 느껴졌다. 여름 방학이 시작되고 건우를 잊고 지내는 날이 많아졌다. 방학이 끝날 무렵, 전화 한 통을 받았다.

"혹시 김건우라는 아이 아세요?"
"네. 제가 건우 담임인데요."
"맞군요. 이 아이가 부모님 전화번호를 안 가르쳐주고 한사코 선생님한테 전화를 걸어달라고 해서요. 여기 중앙동 육교 위에요. 지나가다 구걸하는 아이가 너무 어려보여서 물어봤어요."

건우가 딴 데로 가버리면 어쩌나 마음이 급했다. 정신없이 내 아이를 들쳐 안고 집을 뛰쳐나갔다. 두 달 만에 만난 건우는 몸집이 더 왜소해졌고 까만 얼굴도 더 수척해 보였다. 집에 데려다준다고 말해봤지만 그러면 다시 형들이 끌고 간다며 안 간다고 했다.

"선생님, 저 선생님 집으로 가면 안 돼요? 그럼 형들이 못 끌고 갈 거예요."

"그래? 그럼 그러자."

반사적으로 대답했지만 짧은 순간 오만 가지 생각이 스쳤다. 무슨 일이 생기면 어쩌지. 조직과 연락해서 그 사람들이 집에 찾아오면 어쩌지…. 그때 미리 연락드린 교장, 교감 선생님이 나타났다. 나는 우리 집으로 건우를 데려가겠다고 말했지만, 교장, 교감 선생님은 경찰서에서 아이를 찾고 있다며 데리고 가려 했다. 팔을 붙잡힌 건우는 버둥거렸고 "선생님! 선생니임!"을 외치며 뒤를 돌아봤다. 하지만 나는 멈추어 선 자리에서 한 발짝도 떼지 못했다. 건우가 걱정되면서도 한편으로는 안도하며 가슴을 쓸어내리고 있었다.

건우는 경찰 조사를 받고 훈방 조치된 후 다시 사라졌다. 그리고 5학년이 끝날 때까지 나타나지 않았다. 나에게도 다시 연락하지 않았다. 그렇게 나는 건우에게 믿을 수 없는 어른이 되었다. 그 사이 건우네 집은 이사했다. 건우 아버지는 아이가 지긋지긋하다며 건우가 찾아오지 못할 곳으로 가겠다는 말만 남겼다.

하루가 다르게 무럭무럭 자라며 걸음마를 하고 엄마를 부르는 내 아이를 보며 웃어야 하는데, 눈물샘이 터진 채로 그 시절을 보냈다. 제대로 잡아주지도 못할 손을 왜 함부로 내밀었던 걸까. 건우가 힘들게 내민 손을 뿌리치고 안도하던 나 자신이 혐오스러웠다. 앞으로 나는 아이들에게 힘든 상황에 처한 친구의 손을 잡아주라고 가르칠 수 있을까. 어떻게 계속 교사로 설 수 있을까.

달빛 없는 밤길을 밤새 걸어도 다시 밤이 찾아오는 날들이 이어졌다. 높은 언덕에 있던 학교 4층 복도에서 멍하니 넘실거리는 바다를 바라보며 끊임없이 자책했다. 개인적으로 힘들었던 다른 상황까지 겹치면서 이제 막 발 디딘 교직을 떠나고 싶다는 마음과 싸웠다.

아이들은 내게 6학년까지 2년간 담임을 해달라고 졸랐지만 1년 기간제가 끝나고 발령을 받으면서 나는 다른 지역으로 가기를 희망했다. 살 수 없어서, 실은 너무나 살고 싶어서, 나는 또 한 번 아이들이 내민 손을 잡지 않고 도망쳤다. 새로운 환경에서라면 다 잊고 다시 시작할 수 있을 것 같았다.

한 아이의 손은 못 잡아주었지만 다른 아이들의 손을 잡아주면 된다고 스스로 위로했다. 수백 명 아이들 손을 잡아주면 면죄부를 받을 수 있을지도 모른다는 바람. 좋은 선생님이 되고 싶다는 부서진 꿈도 주워 모으고 싶었다. 하지만 죄책감은 어딜 가든 나를 따라다녔다. 시시때때로 주먹을 휘둘렀고 무뎌질 만하면 다시 세게 주먹을 날렸다.

시간이 내게 준 가르침을 부정하고 부정했지만 여러 해가 지나며 불편한 진실을 받아들이기 시작했다. 결국 모든 아이의 손을 잡아줄 수는 없다는 걸 인정한 것이다. 아이가 내민 손을 못 볼 수도 있고 놓칠 수도 있다. 다른 이가 놓친 손을 내가 잡아줄 수도 있고, 내가 놓친 손을 다른 이가 잡아줄 수도 있다.

어린 나이에 가족과 멀어진 건우도 삶의 길 어디에선가 손을 잡아주는 누군가를 만났을 거라고 믿으며 살기로 했다. 대신 건우가 알려준 손이 하는 일, 내 손이 해야 할 일에 마음을 쏟기로 결심했다. 아이들이 무엇에 기쁘고 행복한지, 왜 웃고 우는지, 어디가 아픈지, 무슨 걱정이 있는지, 하고 싶은데 하지 못하는 말이 무언지. 몸을 기울여 부지런히 살폈다.

오늘도 하교 인사를 하고 또다시 인사하러 다가오는 아이들에게 몇 번이고 손을 높이 들어서 흔든다. 마스크 때문에 '안녕'이라는 말은 잘 들리지 않아도 아이들은 손이 건네는 표정을 알고 씨익 웃으며 돌아간다. 손은 셀 수 없이 많은 일을 할 수 있다. 아이가 상처를 내밀면 약 바르는 손이 되어준다. 어려운 수학 문제를 풀면 엄지를 척 든다. 속상한 아이,

움츠린 아이, 느린 아이의 어깨를 토닥인다.

『손으로 말해요』에서 아침을 깨우는 엄마 손과 아빠 손이 아이들에게 사랑을 전해주듯이, 아이들에게 닿은 내 손이 또 다른 누군가에게 다정하게 가닿기를 바란다. 되도록 많은 순간, 따뜻함을 전하는 손으로 남고 싶다.

여러 해가 지나 건우가 절도, 폭행 등으로 소년원에 갔다는 이야기를 전해 들었다. 나는 종종 건우를 떠올렸다. 『가드를 올리고』라는 그림책을 만난 날에도 그랬다.

응원하는 관객 한 명 없는 빨간 주먹과 검은 주먹의 사투가 이어지는 링 위. 상대의 강한 주먹에 무너지고 힘껏 뻗은 주먹이 빗나간다. 비틀거리며 다시 일어서서 가드를 올리는 모습이 우리의 인생과 닮았다. 주먹이 난무하는 링 위의 모습은 건우가 사는 세상 같았다.

나 역시 건우에게 또 하나의 빨간 주먹과 검은 주먹이었을지 모른다. 그날의 일을 생각하며 스스로를 향해 주먹을 날리곤 했다. 힘껏 치고 쓰러트리고 다시 치고… 링 아래로 내려가지도 주저앉지도 못하게 넘어뜨리고 다시 서라고 다그쳤다. 아이들과 많이 웃고 지낸 날에는 돌아서자마자 나 자신에게 센 주먹을 날렸다. 무슨 자격으로 웃느냐며 비난했다.

오랜 시간 동안, 나는 나를 영원히 용서하지 못할 거라 믿었다. 하지만 언제부턴가 링 위에 선 내가 가엽고 안쓰러워져, 주먹을 쥔 손의 힘이 조금씩 빠져나갔다. 어느 날은 주먹을 펴고 가만히 등을 쓸어주고 싶었다.

책에서 링 위의 복서는 산 위를 오르는 모습에 비유된다. 처음에는 단박에 오를 것 같았지만 골짜기를 건너 바위를 만나고 웅덩이를 지나면 또 가파른 언덕이 나온다. 다른 길로 갈까? 내려갈까? 고민하면서 바람이 불 때까지 조금만 더 가보기로 한다.

건우는 너무 일찍 세상이라는 험난한 링 위에 세워졌다. 다시 일어서고 싶지 않을 때, 링 위에서 내려가고 싶지만 한 걸음도 내딛지 못할 때 어떤 힘으로 버텼을까. 자신을 일으켜 세워 조금 더 걷게 하는 바람을 만났을까. 눈이 퉁퉁 부은 복서가 다시 서서 바람을 맞고 웃은 것처럼, 건우도 링을 포기하지 않고 가드를 올리기를 간절히 바랐다.

품고 싶은 어떤 기억은 흐릿해져서 눈을 비비고, 잊고 싶은 어떤 기억은 선명해서 눈을 질끈 감는다. 그네를 타던 건우와 육교 위 건우의 모습은 눈을 감게 한다. 나의 이야기는 건우에게서 시작했고 건우에게서 멈추어 있다. 이제야 꽉 쥔 주먹을 펴고 그 손으로 나를 다독일 용기를 냈기에, 건우에게 용서를 구한다.

    이제 서른 초반이 되었을 건우는 삶의 길 어딘가에서 손잡아주는 이를 만났을까. 그 손을 잡고 따뜻한 가정을 이루었을까. 다른 이의 손을 잡고 아이와 놀이하고, 신발 끈을 묶어주고, 눈물을 닦아주고, 어려움을 다독이고 안아주는 그런 따뜻한 손을 가진 아빠가 되었기를 바란다.

함께 읽으며

『손으로 말해요』 __ 조지 섀년 글 | 유태은 그림 | 루시드 폴 옮김 | 미디어창비

『가드를 올리고』 __ 고정순 | 만만한책방

『나의 손』 __ 푸아드 아지즈 | 권재숙 옮김 | 봄개울

이렇게도 해보았어요

- 💬 오늘 내 손으로 한 일을 이야기해본다.
- 💬 손으로 할 수 있는 말이 무엇이 있을지 생각한다.
- 💬 여러 사람의 손이 필요한 일은 무엇일지 고민해본다.
- 💬 가족들이 손으로 전해준 사랑을 이야기해본다.
- 💬 손으로 하고 싶은 일이 무엇인지 대화 나눈다.
- 💬 친구와 가족들에게 손으로 하는 말을 전한다.

일등도 부족한가요

"아, 실수로 틀렸어요. 만점은 식은 죽 먹기였는데."

5학년 2학기 중간고사 결과를 받은 지호가 말했다. 지호는 도윤이와 함께 반에서 교과 성적으로 선두를 다투는 아이다. 둘은 1학기에도 한 번씩 최고 성적을 받았다. 이번에는 지호가 하나 틀리고 도윤이가 두 개를 틀렸다. '독한 녀석들. 어떻게 열 과목에서 한두 개만 틀리고 다 맞아.' 속으로 혀를 내둘렀다.

큰소리치고 다니는 지호와 달리 도윤이는 표정이 어두웠다. 지호는 공부 머리가 좋은 천재형이고 도윤이는 지독하게 파고드는 노력형이다. 며칠 뒤, 집으로 보낸 시험지를 다시 가져와야 하는데 도윤이가 학원에서 잃어버렸다고 했다. 지난번에도 그러더니 또. 준비물이나 숙제를 한 번도 잊은 적이 없는 녀석이 시험지를 두 번이나 잃어버려서 의아했다.

나중에 도윤이의 4학년 담임 선생님을 통해 이유를 알았다. 1등을 놓치고 만점을 못 받은 시험지는 도윤이 어머니가 찢어버린다는 것이다. 아이 앞에서 언성을 높이고 매를 들고 시험지를 찢는 걸로 엄마는 화를 다 풀었을까. 도윤이에게는 묻지 않았지만 상황을 짐작할 수 있었다.

어머니와의 상담은 어려웠다. 자신은 뭐든지 도윤이 스스로 하게끔 간섭 없이 지켜본다고 말했다. 나는 도윤이가 힘들어 보인다는 이야기를 전했지만, 어머니는 수긍하지 않았다. 되레 본인이 원해서 즐겁게 공부를 잘하는데 무엇이 문제냐고 되물었다. 아이에 대해 진실되게 말하지도 듣지도 않는 부모와는 견고한 철문을 사이에 두고 있는 것 같다. 세상에 열리지 않는 문은 없다고 꿋꿋하게 믿지만, 종종 열리지 않는 문도 있다.

꼼짝하지 않는 문을 만나면 교사로서 할 수 있는 일의 한계를 가늠하며 서성인다. 예전에는 학부모를 원망한 적도 많았지만, 지금은 열리지 않는 문을 두드리며 시간을 보내기보다 눈앞의 아이에게 집중하며 내가 할 수 있는 일을 찾는다.

내성적인 도윤이는 말이 없었다. 쉬는 시간에도 화장실만 다녀와서 계속 공부했다. 나는 그게 못마땅해서 쉬는 시간에는 놀자고 몇 번이나 말했지만 도윤이를 이길 수가 없었다. 대신 '중간놀이 30분간 공부 금지'는 우리 반 규칙이니까 꼭 지켜달라고 부탁했다. 도윤이는 처음에는 머뭇거렸지만 친구들과 어울리며 잠재된 축구 재능을 발견했다. 운동장에서 축구를 하고 왁자지껄 들어오는 무리 속에서 도윤이는 늘 환하게 웃고 있었다. 학원, 과외, 영재반 수업 등으로 바쁜 아이가 잠시라도 쉬어갈 시간이 있어서 다행이었다.

도윤이가 중고등학생 시기를 어떻게 보낼지 헤아려보면 가슴이 답답했다. 축구선수라는 자신의 꿈은 그저 꿈으로 간직하고 의사라는 엄마의 꿈을 선택할 도윤이가 안타까웠다. 자기 꿈을 포기하지 않았으면 좋겠다는 내 말을 듣고, 도윤이는 대답하는 대신 웃었다. 선생님으로서 내가 해볼 수 있는 건 그 정도였다.

예전에 지필 평가가 있던 때는 시험에 얽힌 사건도 많았다. 다른 친구 시험지나 책을 보고 쓰는 아이, 시험지를 걷으면서 답을 슬쩍 고치는 아이, 채점을 마친 시험지를 고치고 채점이 틀렸다며 우기는 아이…. 알고 있다. 잘하고 싶은 본인의 마음과 잘하기를 바라는 부모의 마음을 동시에 짊어진 짐이 얼마나 무거운지 말이다.

시험 날 교실은 태풍 전야 같고 점수가 나오는 날은 태풍이 지나간 강가의 풀섶이 된다. 아이들은 맥없이 쓰러져서 일어서지를 못한다. 성적이 올랐거나 원래 태평한 아이들 몇몇을 빼고는 다들 한숨을 푹푹 쉰다. 결과만 보지 말고 열심히 한 과정이 있었으니 힘내자는 말은 귓등으로도 듣지 않는다. 시험 결과가 나오고 아이들이 집에 가기 싫다고 투정하는 그런 날엔 나는 아이들에게 웃음을 되찾아주려고 『짧은 귀 토끼와 빵점 시험지』를 읽어준다.

자신이 무척 똑똑하다고 믿는 짧은 귀 토끼 동동이가 수학 시험을 망쳤다. 동동이는 우연히 코끼리 선생님의 자전거 바구니에서 시험지 봉투를 발견했다. 동동이 시험지에는 '0'이라고 쓰여 있었다. 놀란 동동이는 시험지를 훔치고 그 사실을 누구에게도 말하지 못하고 잠 못 이루며 혼자서 끙끙 앓는다.

만약 자신이 동동이라면 어떻게 행동할지 아이들에게 물어보니 얼토당토않은 말부터 기발한 생각까지 술술 나온다.

"백 점짜리랑 이름을 바꿔치기해요."

"백 점짜리를 보고 베껴서 다시 넣어요. 나중에 선생님한테 채점 잘못했다고 하면 되죠."

"찢어서 변기에 버릴 거예요."

"일단 훔쳐야죠. 엄마한테 맞기 전에요."

웃자고 읽은 책인데 아이들은 빵점 맞은 동동이에 감정이입해서 어떻게든 문제를 해결하려고 아웅다웅한다. 아이들에게 이야기의 뒷부분을 읽어주면 빵 터진다. 분명 시험지를 훔쳤는데 선생님은 동동이에게 시험지를 건넨다. 빵점이 아니었고 칭찬까지 받는 반전의 사연이 있다.

고학년만 시험에 민감한 건 아니다. 1학년 민영이는 『소피가 화나면, 정말 정말 화나면』이라는 책을 읽어주던 날, 소피처럼 폭발했다. 소피는 언니와 장난감을 가지고 다투다 화가 폭발해서 발을 구르고 소리를 지른다. 엄마한테 혼난 뒤 집을 뛰쳐나가서 하염없이 울면서 달리고 또 달린다. 한참을 달린 끝에 새소리도 듣고 커다란 나무에 올라가서 끝없이 펼쳐진 바다를 바라본다.

아이들에게 소피처럼 화난 경험을 물어보니 여기저기서 불평이 쏟아졌다. 형제자매와 싸워서 부모님께 혼난 억울한 사연부터 엄마, 아빠의 싸움, 친구와의 다툼, 공부 이야기도 제법 있었다. 그때 맨 뒷줄에 앉아 있던 민영이가 울먹거리나 싶더니 와락 울기 시작했다. 쉽게 그칠 눈물이 아니었다. 말 없이 안아주고 등을 토닥이는 사이, 민영이와 내 옷은 눈물범벅이 되었다. 한참 뒤에 눈물이 잦아들자 민영이는 더듬더듬 말을 꺼냈다.

"만점… 못 맞았…다고 엄…엄마가 엄…청 화냈어요. 엄마가… 힘…들게 일해서 학원이랑… 공부방이랑… 보내줬는데. 토요일이랑… 일요일도 보내줬는데 만점… 못 맞았다고요. 매도… 마…맞았어요."

어렵게 말을 마치고 폭포수 같은 눈물을 쏟는다. 엄마가 힘들게 일해서 주말까지 학원에 보내줬는데 만점을 못 받았다고 혼이 났다는 거다. 그런데 등수를 따지자면 민영이가 우리 반 일등이었다. 친구들의 부러움을 받은 민영이는 엄마한테도 칭찬받을 줄 알았을 텐데 예상치 못한 일이 벌어진 셈이다. 민영이는 화가 나고 슬펐지만 대꾸 한 마디 못 했단다. 그러다 소피 이야기를 들으며 그동안 눌려 있던 감정이 솟구친 거였다.

아이들은 안절부절못하고 엉덩이를 들썩이며 민영이 주변에 모여들었다. 어떻게든 친구의 눈물바다를 함께 건너려 애쓰던 아이들의 모습이 생생하다. 1학년이나 5학년이나 다르지 않다. 초등학교에 입학한 민영이는 이제 시작이고 도윤이는 같은 식으로 5년을 살아왔을 거다. 두 사람은 앞으로도 앞뒤 따질 것 없이 공부에 매달려야 한다.

요즘은 초등학교 입학 전 3~4세부터 공부 인생이 시작된다. 한글과 영어는 기본이고 수학은 도형, 연산 등 영역별 수업을 받기도 한다. 사교육에서는 공부도 게임처럼 레벨을 올리기 위해 애쓰고 선행 학습을 몇 번 돌리느냐가 관건이다.

이제는 공부만이 아니라 운동과 재능, 심지어 인성까지 모든 걸 갖추기를 바라는 부모들이 아이의 소질을 계발하기 위한 투자를 아끼지 않는다. 겨우 8년, 12년을 살았을 뿐인 아이들에게 당장 꿈을 찾아 매진하기를 종용한다. 아이가 무엇을 잘하는지 모르겠다며 불안해한다. 그 불안을 줄이는 방법은 남들이 하는 만큼 사교육을 더 시키는 것뿐이다.

그럼 모든 게 부모의 잘못일까? 결코 아니다. 우리 사회의 학벌주의가 낳은 괴물 같은 풍조가 사람들의 불안을 부추긴 결과다. 결승선에 먼저 가려면 더 빨리 출발하고 더 많이 연습해야 한다고 여기는 것도 당연하다. 하지만 치열한 경쟁 속에서 수많은 아이들이 낙오된다. 곁길로 빠지고 방황한다. 순응하고 순종하던 아이들도 몸이 커지면서 힘이 생기거나 더 이상 버틸 힘을 잃었을 때 부모에게 맞선다.

5학년 승우가 그랬다. 엄마에게 매를 맞으며 공부하던 어느 날, 승우는 매를 빼앗아 부러뜨렸다. 엄마에게 폭력을 휘두르고 "당신이 뭔데 나를 때리느냐."고 소리 질렀다. 기초학력이 갖춰지지 않은 승우에게 엄마는 높은 수준의 성적을 요구했고, 엄마의 기준을 따라가지 못한 승우는 엄마가 자신에게 행한 방식을 그대로 돌려주기 시작했다. 승우 어머니는 자식을 잘못 키운 것 같다면서 눈물을 흘렸다.

물론 아이를 있는 그대로 존중하고, 공부를 앞세우지 않고 아이가 놀면서 본인이 원하는 걸 배우게 하는 부모들도 종종 만난다. 하지만 그분들도 자신이 언제까지 그럴 수 있을지 모르겠다며 불안을 감추지 않는다. 여기저기 살피고 눈치보고 흔들리면서 우리는 부모가 되어간다. 이유와 목적은 하나다. 내 아이를 너무나 사랑하기에, 내 아이가 행복하길 바라기에. 그런데 아이들은 왜 화를 내고 아파할까.

세계 10위 선진국으로 도입, 수학·과학 성적 세계 최상위권, 행복도 최하위, 청소년 자살률 1위는 공부와 행복을 맞바꾼 우리 사회의 불행한 자화상이다. 지금 우리는 당연하게 행복을 내일로 미룬다. 대학생이 되면, 취직하면, 결혼하면, 집을 사면, 승진하면 그 후에, 다시 그 후에 행복할 수 있다고 가르친다. 행복은 모두가 꿈꾸지만 누구도 이룰 수 없는 꿈이라고 정의해야 할 판이다.

2017년부터 개개인의 서열화가 아닌 학습 과정을 관찰하고 피드백을 제공하는 방식의 '과정중심평가'가 학교에 도입되었다. 교사의 재량권이 확대되면서 다양한 교육 과정 운영이 가능해졌다. 그만큼 연구와 전문성 확보가 요구되지만 마땅하고 반가운 변화다. 눈에 보이는 서열화에서 놓여난 아이들에게도 기쁜 일이다.

하지만 지속되는 코로나 상황으로 인한 원격 수업으로 평균 학력이 떨어졌다. 가정 환경에 따른 교육 격차가 커지면서 학력 격차 해결이 다시 중요한 과제로 떠올랐다. 학교는 이전보다 기초 학력에 더 많은 시간과 힘을 쏟아야 할 형편에 놓였다.

코로나 이후 부모는 어떨까. 아이의 수준을 점수로 확인할 수 없어서 답답해한다. 불안감도 커졌다. 관찰, 실습, 토론 등 과정 중심의 평가 결과로는 만족스럽지 않아서 더 많은 사교육에 눈을 돌린다. 그래서, 그러면, 우리 아이가 행복한

지는 생각할 틈이 없다.

    초임 시절 나 역시 오늘을 열심히 살면 꿈꾸는 미래를 가꿀 수 있고 행복해질 수 있다고 말했다. 교과 공부를 가장 우위에 두고 열심히 가르쳤다. 그게 학생들을 위해 가장 중요한 일임을 의심치 않았다. 하지만 아이를 낳고 부모로 살면서, 교실에서 다양한 아이들을 만나면서 깨달았다. 오늘 행복하지 않은 아이에게 내일 행복하리라 말하는 건 뻔뻔한 거짓말임을. 학교와 가정은 어린이가 오늘의 행복을 누리게 도와야 한다. 오늘이 행복해야 내일도 행복함을 아이들은 배워야 한다. 무엇을 할 때 행복한지 모르겠다면 다양한 경험 속에서 천천히 알아가면 된다.

    박노해 시인은 「부모로서 해줄 단 세 가지」라는 시에서 부모가 해줄 첫 번째는 '아이가 자연의 대지를 딛고 동무들과 마음껏 뛰놀고 맘껏 잠자고 맘껏 해보며 그 속에서 고유한 자기 개성을 찾아갈 수 있도록 자유로운 공기 속에 놓아두는 일'이라고 했다.

    어른들에게는 '자유로운 공기 속에서 놓아두는 일'과 '맘껏'이란 말이 어렵고 불편할지도 모른다. 그럼에도 불구하고 어린 시절을 공부 걱정으로만 채우지 말고 아이를 자유롭게 놓아두면 좋겠다. 수많은 헛발질과 기웃거림도 경험이라는 한 개의 점이 되고, 그 점들이 선으로 연결되어 면을 이룰 때 다채로운 빛깔과 재능을 가진 사람이 될 수 있다. 아이는 눈을 반짝이며 자신이 하고 싶은 일을 찾을 테다.

학교라는 울타리 안에서만 찾으라는 의미가 아니다. 제도권 교육 밖에서, 가정에서, 대안 교육에서, 세상 어디서든 찾아가보면 된다. 누구나 갈 수 있는 잘 닦인 길을 걷지 않고, 스스로 길을 만들어가는 부모와 아이들의 용기가 인정받고 격려받는 세상이 되면 좋겠다. 교육의 기회가 누구에게나 평등하고, 다양한 선택이 존중받는 열린 제도가 생기면 좋겠다.

엄마의 폭력을 폭력으로 되돌려준 승우의 절규는 우리에게 묻는다. '당신이 뭔데' 자식을 때리느냐고, '당신이 뭔데' 시험지를 찢느냐고 말이다. 우리는 무엇일까. 아이는 어떤 존재일까. 답은 이미 알고 있다. 다만 받아들이기 어려울 뿐이다.

부모는 아이를 마음대로 조종할 수 있는 존재가 아니다. 아이는 부모 뜻대로 만들어지는 존재가 아니다. 아이는 태어나는 순간 부모에게서 독립한다. 가장 중요한 이 사실을 받아들이기까지 많은 부모가 미로를 헤맨다. 출구를 찾지 못하면 평생 미로 속에서 살기도 한다. 나와 다른 독립성을 인정하는 순간 끊어질 듯 팽팽하던 부모와 아이의 관계는 느슨해지고 편안해진다.

　부모와 교사는 사회의 요구대로 좋은 부모, 좋은 교사가 되려고 안간힘을 쓰는 대신, 자신만의 기준과 가치관으로 삶을 가꾸고 즐겁게 살면 된다. 가장 가까운 어른들의 이런 삶의 태도는 어린이들에게 고스란히 전해진다. 박노해 시인의 마지막 시구처럼 부모는 아이를 믿음의 침묵으로 지켜보면서 이 지구별 위를 잠시 동행하는 존재임을 기억하며 살고 싶다.

　도윤이는 자신의 꿈을 감추고 부모가 바라는 대로 의대에 진학했다. 승우는 자신을 찾기 위해 많은 진통을 겪으며 운동을 진로로 삼았다. 엄마와도 화해하고 부지런히 자기 길을 걷는다는 소식이 반가웠다. 공부가 아닌 다른 길도 있음을 깨달은 5학년 시절이 가장 행복한 시간이었다는 승우의 말이 뭉클했다. 민영이, 도윤이, 승우… 지구별 위의 모든 어린이와 청소년이 고유한 빛깔을 찾아가기를 응원한다.

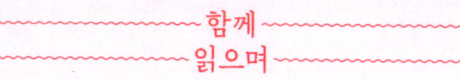
함께 읽으며

『짧은 귀 토끼와 빵점 시험지』__다원시 글 | 탕탕 그림 | 심윤섭 옮김 | 고래이야기

『소피가 화나면, 정말 정말 화나면』__몰리 뱅 | 박수현 옮김 | 책읽는곰

『화가 호로록 풀리는 책』__신혜영 글 | 김진화 그림 | 위즈덤하우스

이렇게도 해보았어요

💬 공부나 성적 때문에 화가 나거나 속상했던 일을 이야기한다.

💬 공부란 무엇인지, 공부는 왜 해야 할지 이야기 나눈다.

💬 공부를 하기 위해 가장 필요한 힘이 무엇인지 생각한다.

💬 공부를 즐겁게 할 수 있는 방법이나 비법을 나눈다.

💬 자신이 하고 싶은 공부는 어떤 공부인지 고민한다.

할미꽃으로
피고 싶어요

 작년에 거둔 나팔꽃 씨앗을 심으려다 말고 쪼그려 앉았다. 까맣고 작은 씨앗이 제 몸의 몇십 배는 무거웠을 흙을 밀어내고 싹을 틔우고 줄기를 뻗고 잎을 만드는 게 신기하다. 이렇게 작은 씨앗 속에 꽃이 담겨 있다니, 정말 마법 같은 일이다.

 산과 들에, 화단이나 길가에 우연히 떨어진 씨앗이 꽃이 되기도 하고, 한 그루, 두 그루 나무가 되어 울창한 숲을 이루기도 한다. 이 모든 일의 시작은 씨앗 한 알이다. 가만 보면 아이들도 한 알의 씨앗 같다. 씨앗의 색깔과 모양만 봐서는 어느 계절에, 어떤 모습으로 꽃을 피울지 도통 알 수 없다. 분명한 건 각자에게 맞는 계절이 있고 그 계절이 오면 너도 나도 꽃을 피운다는 것이다.

아이들과 처음 만나는 날이나, 서로에 대해 조금 알게 되어 서먹함이 사라지는 4월 즈음 『너는 어떤 씨앗이니?』를 읽는다.

바람에 흩날리던 씨앗, 쪼글쪼글한 씨앗, 웅크린 씨앗, 가시 돋친 씨앗이 그려진 책장을 넘기면 아이들 사이에서 "우와!" 탄성이 나온다. 꽃들이 한가득 피어 있는 세상이다. 봉숭아, 연꽃, 민들레 같은 꽃이 나오면 아는 척하느라 바쁘고 수수꽃다리, 모란, 섬꽃마리 같은 꽃은 처음 봤다면서 다시 보여달라고 요구한다.

"봉숭아 씨앗 알아요. 우리 할머니 집에 있어요. 손가락으로 치면 터져요."
"민들레 씨앗 불어서 날려봤어요."
"어, 콩같이 생겼다. 콩이 열리나?"
"어, 가시 달린 씨앗은 화났는데 꽃은 웃고 있네요?"
"씨앗이랑 꽃이 색깔이 다 달라요."

이쯤 되면 나는 아껴둔 말을 꺼낸다.

"너희들도 그래. 이 씨앗들과 같아. 모습도, 성격도, 좋아하고 싫어하는 것도 모두 다르잖아. 씨앗만 봐서는 언제, 어떤 꽃을 피울지 알 수 없듯이 너희들도 어떤 모습으로 자랄지 지금은 알 수 없어. 하지만 한 가지는 분명해. 언젠가 꽃이 된다는 거지. 꽃이 된다면 어떤 꽃으로 피고 싶어?"

아이들의 바람은 풍성하다. 해바라기, 장미, 섬꽃마리, 민들레도 있고, 물이 좋아서 연꽃, 별이 좋아서 별꽃, 밥이 좋아서 밥꽃, 그냥 좋으니까 좋아서꽃도 있다. 아무도 자기를 못 때리게 뾰족꽃, 사람들이 옆에 오지 못하게 가시꽃도 있다.

경준이는 네 송이 꽃을 그렸다. 활짝 핀 노란색 꽃 한 송이와 고개를 숙인 할미꽃 세 송이였다.

"경준아, 여기서 너는 어떤 꽃이야?"
"여기요. 할미꽃이요."
"할미꽃? 왜?"
"사는 게 힘들어요. 빨리 늙고 싶어요."
"어? 그래, 그렇구나. 빨리 늙으면 뭐할 건데?"

"안 할 건데요! 아~무 것도 안 할 거예요."

대답도 귀찮다는 듯 남의 일처럼 대꾸하는 경준이의 말에 가슴이 콕콕 쑤셔왔다. '이제 아홉 살 아이가 왜 이런 생각을 할까?' 학교에서 경준이의 별명은 잘난 척 대장이다. 경준이는 친구들이 하는 말이 시시하다는 듯 언제나 무시하고 토를 달았다.

"야, 뺄셈 쉽잖아. 그것도 못 풀어? 곱셈도 얼마나 쉬운데."
"선생님, 저 그거 한자로 쓸 수 있어요. 영어로도 다 써요."
"너 체스 둘 수 있어?"
"시시해. 우리 집엔 그것보다 백배 좋은 게임기 있거든."

경준이는 하루가 멀다 하고 친구들과 다투었다. 자신의 가시 돋친 말과 행동은 알지 못하고 친구들만 탓했다. 주위 친구들을 다 쫓아내고는 자기랑 안 놀아준다며 다시 화를 뿜어냈다.

경준이 부모님은 맞벌이를 하셨고, 외동인 경준이를 돌

봐줄 곳이 없어서 경준이는 부모님이 퇴근하는 시간까지 학원과 문화 센터에 다닌다고 했다. 학교에 '돌봄 교실'이 없던 때라 학교가 끝나면 학원을 뺑뺑 돌아야 하는 일과였다. 적은 날은 4개, 많은 날은 6~7개 수업을 듣는다.

빡빡한 시간표 사이에 쉼표는 보이지 않았다. 저녁 8시가 넘어서 집에 돌아가는 일상이었다. 무뚝뚝하고 엄한 아빠와는 사이가 서먹해도, 엄마는 애정 표현도 많이 하고 자신을 사랑한다고 했다. 경준이는 엄마와 시간을 보내고 싶었지만 엄마는 종일 직장에서 일하고 밤에는 자격증 공부를 하느라 시간이 부족했다. 그래서 빨리 저녁 먹고 빨리 자라고만 한단다.

맞추지 못했던 퍼즐 몇 조각이 자리를 찾은 것 같았다. 또래 아이들보다 많은 것을 미리 배우는 경준이는 학교 공부와 친구들이 시시했고, 쉴 시간이 없으니 신경질이 늘었던 거다. '사는 게 힘들다.'는 말은 가감 없이 정확한 표현이었다.

이런 아이가 경준이뿐이겠는가. 정도의 차이가 있을 뿐 요즘 대한민국 보통 아이들이 살아가는 모습일 것이다. 2000년대 들어와 어린이들은 자유롭게 쓸 수 있는 시간을 통째 빼앗겼다. 학교가 끝나면 방과 후 수업과 학원에서 제

2의 하루가 다시 시작된다. 친구를 만날 시간이 없으니 가상의 공간에서 만나 대화하고 혼자서도 할 수 있는 스마트폰 게임을 즐긴다. 유튜브 보는 데 푹 빠진 아이들도 많다. 그곳은 아이들에게 가장 안전하고 유일한 피난처다.

아이들은 하교 인사를 마치기가 무섭게 스마트폰부터 꺼내 든다. 교실 밖으로 나서면 두어 명씩 모여 새로 해본 게임과 아이템 이야기를 나눈다. 학교 안에서는 게임이 금지되어 있지만, 선생님 눈을 피해서 어떻게든 하고 싶어한다. 방과 후 수업과 학원 수업을 기다리는 잠시 동안이라도.

보호자들에게 어린이가 놀 시간을 무한정 내어주라고 청하지는 않겠다. 그래도 틈은 필요하다. 하루에 한 번은 마음껏 뛰어놀 수 있고, 하릴없이 빈둥거릴 겨를. 시간에 틈이 있는 어린이들은 마음에도 여유가 생긴다. 틈이 허락되지 않는 아이들은 짜증을 많이 내거나 집중력이 약해지고 무기력해진다. 고단한 일상은 자연스레 아이들을 그렇게 만든다.

어린이는 이런 고단함을 선택하지 않았다. 어린이의 삶은 보호자인 어른에 의해 결정된다. 어린이의 능력이 아닌 보호자의 상황과 바람에 맞추어 전략이 세워진다. 어쩌다 학교에서 다 같이 그림책을 읽다가 수다가 길어져서 하교 시간이 5분이라도 늦는 날이면 화들짝 놀라는 아이들이 많다.

늦었다며 서두르는 아이들에게 괜히 미안해진다. 그도 그럴 것이 요즘 아이들은 어른들만큼 바쁘다. 힘들고 피곤하다.

아이들이 힘들다고 말해도 어른들은 그 목소리를 인정하지 않는다. 그런데 아이들이 자라 청소년이 되고 성인이 되어서 어린 시절을 돌아볼 때 학교와 학원을 뺑뺑이 돌던 기억밖에 없다면 어떤 힘으로 남은 삶을 지탱할 수 있을까? 어떤 마음으로 삶의 재미를 찾을 수 있을까.

경준이의 속마음을 전해 들은 어머니는 학원을 줄이고 경준이와 함께 보내는 시간을 마련했다. 경준이는 집에 가면 엄마랑 대화하고 책도 읽고 논다며 신나게 자랑했다. 살림과 육아의 대부분이 엄마 몫인 점과 경준이와 아빠의 관계가 서먹한 점도 마음에 걸려서 경준이가 아빠와도 따로 시간을 보내면 좋겠다고 말씀드렸다. 그 후 경준이는 아빠와 체스를 두고 책도 함께 읽는다고 했다. 아빠는 자기보다 게임을 더 좋아한다고 덧붙였지만.

학교에서는 놀이 시간을 최대한 확보했다. 2교시와 3교시 사이에 30분을 쉬는 '중간놀이' 시간이 있다. 중간놀이가 시작되는 종이 울리면 나는 일단 아이들을 교실 밖으로 내보냈다. 계절을 느끼며 학교 안팎을 함께 싸돌아다니기도 하고, 날마다 그림책을 읽으며 수다도 떨었다. 경준이는 눈에 띄게 짜증이 줄었고 웃음이 늘었다.

그해, 경준이가 자기 이야기를 해주지 않았다면 어쩌면 나는 중간놀이 시간에 수학 문제를 풀기 위해 5분을 더 쓰는 아이들을 아무렇지 않게 여겼을지도 모르겠다.

학교에서는 쉬는 시간을 잘 지키는 일만으로도 아이들의 만족감이 커진다. 아이들에게 쉬는 시간, 중간놀이 시간, 점심시간을 제대로 돌려주면 학교는 웃음과 활기로 넘칠 것이다. 물론 다툼이나 안전사고가 대부분 쉬는 시간에 일어나기 때문에 선생님들은 위험한 시간으로 경계하며 신경을 쓴다.

코로나 상황이 심각할 때는 아이들 간 동선과 접촉을 최소화하느라 중간놀이 시간이 없어져서 안타까웠다. 중간놀이는 없지만 학교에 오는 것만으로도 자유로워 좋다는 아이들을 보면 코끝이 시큰하다. 코로나가 끝나면 그동안 놀지 못했던 아이들을 위해 중간놀이 시간을 단위 수업 시간과 같은 40분으로 늘리면 좋겠다. 40분으로 아이들의 행복 지수를 높일 수 있다면 마땅히 해야 할 일이 아닐까.

방과 후에는 아이들이 안전하게 놀이터와 운동장에서 놀 수 있도록 해주면 좋겠다. 놀이터가 있고 지킴이 선생님이 있어도 아이들이 바빠서 그곳에서 놀 수 없다는 사실이 안타깝다. 그러니 가정에서 사교육을 하나라도 줄이고 놀 틈을 만들어주면 좋겠다. 어른들은 아이들이 친구와 노는 걸 제일 좋아한다는 사실을 알면서도 모르는 척한다.

엄마, 아빠는 스마트폰을 실컷 보면서 자기가 조금 하려는 건 금지한다며 아이들은 분통을 터트린다. 부모부터 아이와 얼굴을 마주 보고, 가족회의를 통해 여가를 어떻게 보낼지 함께 정하고 실천하는 시간이 필요하다. 가족 구성원 모두가 같이하기 어렵다면 요일별로 엄마, 아빠와 잠깐씩 함께 보내는 시간을 정해도 좋다. 가족과 함께 재미있는 일을 한다면 아이들은 스마트폰 같은 건 까맣게 잊을 수도 있다.

아이들의 이야기에는 평일에도 주말에도 일하는 부모님, 아이에게 관심을 두지 않는 부모님이 자주 등장한다. 그래도 예전에 비해 아이들과 함께 시간을 보내려 노력하는 분들이 많아져서 다행이다.

보호자의 의사로 모든 것을 결정하는 양육의 틀부터 깨자. 아이에게 어떤 틈이 얼마나 필요한지, 무엇을 하고 싶은지 물어야 한다. 시간은 원래 아이들 소유였으니 주인에게 돌려주는 것뿐이다. 어떤 어른들은 아이에게 자유 시간이 생기면 불안해서 더 철저히 감시하게 된다고도 하지만, 감시자 말고 여가를 함께할 궁리자가 되면 좋겠다.

쉴 틈, 놀 틈, 딴짓할 틈이 없는 어린이들은 스스로를 바라볼 겨를도, 남을 이해할 겨를도 없이 그저 몸만 자란다. 즐거움과 행복을 느끼지도, 바라지도 못한다. 자신을 둘러싼 사람들과 세상을 이해하려면 어린이 안에 '사이'가 있어야 한다. 즐거움과 행복은 '틈'에서 자라기 때문이다. 그 여유 공간으로 햇살이 들어오고 바람이 드나든다. 한 시절 한껏 뛰어놀아본 어린이로, 두 자녀의 부모로, 수백 명 어린이의 선생님으로 살아보니 그렇다.

하루가 다르게 쌀쌀해지는 초겨울, 여느 날처럼 놀러 나가려던 경준이에게 물었다.

"경준아, 너 예전에 할미꽃으로 피고 싶다고 한 거 기억나? 빨리 늙고 싶다고 했잖아."

"기억나요."

"지금도 그래?"

"아~니요. 빨리 늙고 싶지 않아요. 지금이 좋아요."

그래, 무엇이 될지 모르지만 후다닥 꽃피우고 빨리 늙겠다고는 하지 말자. 못생긴 씨앗도, 웅크린 씨앗도, 울 듯한 씨앗도, 가시 돋친 씨앗도, 느긋한 씨앗도 자신의 계절이 되면 저마다의 꽃을 피울 테니까.

나는 꽃을 품은 씨앗이다. 너도 꽃을 품은 씨앗이다. 모두가 꽃을 품은 씨앗들이다.

함께 읽으며

『너는 어떤 씨앗이니?』__최숙희 | 책읽는곰

『모두 다 꽃이야』__류형선 글 | 이명애 그림 | 풀빛

『우리 반』__김성범 글 | 이수희 그림 | 계수나무

이렇게도 해보았어요

💬 한 해 전에 거둔 꽃씨를 준비하고 새로 만날 아이들의 씨앗 봉투에 담는다.
💬 꽃씨를 나누고 일 년 동안 잘 돌보기로 약속한다.
💬 집에서 키워서 싹이 나고 꽃이 피면 사진, 일기, 이야기로 소식을 주고받는다.
💬 집에서 씨앗을 얻으면 학교로 가져와서 친구들과 나눈다.
💬 한 해 동안 씨앗을 돌본 일, 기뻤던 일, 어려웠던 일 등을 이야기 나눈다.
💬 꽃씨를 나누는 날, 그림책을 함께 읽고 자신이 어떤 씨앗인지 생각해본다.
💬 자기가 잘하고 못하는 것, 좋아하고 싫어하는 것을 기록하면서 자신에 대해 알아간다.
💬 각자 어떤 꽃을 피우고 싶은지 이야기 나눈다. 꽃을 피우기

위해 지금 내가 할 수 있는 일, 하고 싶은 일을 이야기한다.
- 쉴 틈과 놀 틈에 대해 이야기한다. 어제 누구와 무엇을 하며 보냈는지, 오늘은 무엇을 하고 싶은지 말해본다.
- 월요일에는 주말에 가족들과 시간을 어떻게 지냈는지 이야기 나눈다. 월 1~2회 주말은 가족과 함께하는 숙제를 한다(요리하기, 산책하기, 도서관이나 서점 가기, 운동하기, 목욕하기, 걱정과 고민 이야기하기 등).

배·우·다

내 편이 되어준
그림책

"주영아, 안녕? 오늘도 제일 먼저 왔네."
"선생니~임, 보고 싶었어요."

부지런한 주영이는 학교에 일찍 온다. 책을 보다가 교실 문 여는 소리가 나면 두 팔을 벌리고 뛰어와서 내게 안긴다.

"오늘은 머리를 묶을까? 풀까?"
"음, 하나로 묶어주세요."

아침 일찍 장사하러 나서는 할머니는 손녀의 머리를 정

갈하게 빗어줄 짬이 없다. 여덟 살 주영이는 눈만 겨우 떠서 밥 한 술 뜬 뒤에 할아버지와 오토바이를 타고 학교에 온다. 어릴 적 나도 그랬다. 기억 속 나는 앞머리가 반듯하고 뒷머리는 짧은 바가지 모양으로 학교에 다녔다. 엄마가 출근하느라 아침이 분주하니 그런 스타일이어야 단장해줄 필요가 없어서였을 테다.

엄마가 된 나도 아침이 바빴다. 딸아이의 머리 손질은 대부분 친정 엄마와 유치원 선생님에게 부탁했고, 아이가 좀 더 자란 후에는 단발머리에 핀만 꽂아주었다. 한데 주영이 덕분에 처음으로 촘촘한 빗과 알록달록한 고무줄 한 통을 장만했다. 머리를 많이 묶어본 적 없는 내 손길이 워낙 허술해서 두어 시간이 지나면 머리카락이 삐져나와서 다시 묶어야 했다. 제 엄마 솜씨보다 안 좋은 줄 알면서 다른 아이들까지 일부러 머리를 풀어헤치고 줄을 섰다. 느리고 서툰 손이 바빠졌지만 머리를 묶어주며 아침밥 이야기, 택배 온 이야기, 친구 이야기, 언니 오빠나 동생 이야기 등 아이들의 소소한 이야기를 듣는 게 즐거운 일상이었다.

주영이는 무엇이든 많았다. 웃음과 눈물도 많고 정도 많고 힘도 많고 욕심과 질투도 많았다. 그런 주영이는 『엄마는 정말 대단해요』를 읽으며 하루를 시작했다. 혼자만의 의식처럼 하루도 빼먹지 않았다.

주인공 아이는 안다. 아빠는 엄마를 장보는 사람으로, 할아버지는 엄마를 안경을 찾아주는 사람으로, 동생은 엄마를 방 청소하는 사람으로 여기지만, 그건 엄마가 얼마나 대단한지 모르고 하는 말이라는 사실을. 엄마는 양말을 뱀으로 만들 수 있고 닭으로 변신시키기도 한다. 밤을 꼬박 새워 나를 간호해주고 잃어버린 장난감도 척척 찾는다. 말도 안 되는 이야기를 해도 웃으며 귀 기울여주고 밤마다 찾아오는 괴물을 물리친다. 하루는 주영이 머리를 묶다가 『엄마는 정말 대단해요』가 왜 그렇게 좋은지 물었다.

"엄마가 보고 싶은데 못 보니까요. 우리 엄마는 내가 여섯 살 때 집을 나갔어요. 지금까지 안 와요. 내가 보고 싶지도 않은가봐요…"

'내가 보고 싶지도 않은가봐요.' 뒤로 갈수록 힘이 빠지는 말에 빗질을 하던 내 손도 힘이 쭉 빠졌다. 섣부른 위로는 할 수 없었다. '그랬구나.' 하며 고개만 끄덕였다. 말 많고 웃음 많은 주영이가 조용해지는 순간은 친구들이 엄마 이야기를 할 때다. 엄마가 새로 사준 옷과 신발, 맛있는 저녁과 간식, 엄마한테 혼난 얘기를 꺼낼 때면 얼음이 되어 눈만 껌뻑거렸다.

장사와 직장 일로 바쁜 할머니와 아빠, 엄하고 무뚝뚝한 할아버지랑 살면서 형제 없는 주영이가 느낄 외로움이 선명하게 다가왔다. 엄마가 보고 싶다는 말은 누구에게도 꺼내지 못했을 것이다. 매 순간 엄마가 보고 싶었을 주영이는 자기만의 방법으로 그리움을 삭이고 있었다. 자신과 같이 놀며 무서운 괴물을 물리치고 이야기도 들어주는 엄마를 날마다 책 속에서 만나며 말이다.

주영이를 떠올리면 내 기억 속으로 경수의 『푸른 개』가 따라나선다. 멀건 얼굴에 창백한 눈웃음을 짓는 경수의 목소리는 새벽 공기처럼 시리고 투명했다. 『푸른 개』를 읽어주던 날, 아이들은 흥분을 가라앉히지 못했다. 푸른 개의 모습이 무섭다고 싫어하면서도, 당장이라도 푸른 개를 찾아 떠날 기세였다.

샤를로뜨라는 아이는 배고픈 푸른 개를 만나서 빵을 나눠 먹는다. 푸른 개가 너무 좋아 기르고 싶지만 엄마는 단호하게 거절한다. 어느 날 가족들과 산딸기를 따러 간 샤를로뜨가 길을 잃고 겁에 질린 상황에서 푸른 개를 다시 만난다. 푸른 개는 밤새 검은 표범과 싸우면서 샤를로뜨를 지킨다.

경수는 학교에 오면 책꽂이에서 『푸른 개』부터 찾아 읽었다. 친구가 먼저 보고 있으면 흘끔흘끔 쳐다보며 다 읽기만 기다렸다. 이 책의 어떤 장면이 경수의 이야기였을까.

벚꽃이 흩날리는 봄날, 좋아하는 책 한 권씩을 들고 산책을 나섰다. 아이들은 벚나무가 가득한 교정을 팔랑팔랑 잘도 뛰어다녔다. 실컷 놀던 아이들이 나무 의자마다 자리를 잡고 책을 읽는데 저쪽에서 경수가 손짓했다. 푸른 개의 뒷모습 위에 벚꽃 잎 두 장이 살포시 올려져 있었다.

"이게 뭐야?"
"날개 달린 푸른 개요."
"멋지다. 이제 푸른 개가 날 수도 있겠네."

푸른 개가 왜 그렇게 좋은지 희미한 미소로만 답하던 경수를 재촉하지 않고 기다리기로 했다. 그때는 그렇게 갑작스레 헤어지게 될 줄 몰랐으니까. 어느 날 아침, 불안한 눈빛의 경수 어머니가 전학을 가게 됐다며 학교로 짐을 챙기러 왔다. 경수의 얼굴을 잠깐 보고 인사를 나누게 해달라고 부탁했지만, 어머니는 짐만 챙겨서 다급하게 떠났다.

"가정 폭력 때문에 접근 금지 신청을 했어요. 아빠에게 연락 오면 어디로 갔는지 모른다고 해주세요."

짧은 두 마디에 모든 설명이 담겼다. 그랬구나. 그래서 경수는 자신을 지켜줄 푸른 개가 간절했던 거구나. 창백한 웃음 뒤에 감춰진 아픔을 보듬어주지 못한 채 경수를 떠나보냈다. 다정하고 행복한 기억을 품은 책이 많지만 애잔하고 아프게 떠오르는 책도 있다. 누군가가 생각나서 책장을 펼치기도 하고 책장에 꽂힌 책이 누군가를 불러내기도 한다. 각각의 사연을 보듬은 책은 책이 아니라 사람으로 남는다.

어릴 적 나의 낮은 길었고 조금 외로웠다. 동네 친구들은 엄마가 집에 있었지만 나는 그렇지 않았다. 부모님이 일터에 가면, 나는 책꽂이에 가지런히 꽂힌 전래동화나 세계명작동화를 봤다. 엄마가 없는 동안 책이 친구였다. 지난밤에 엄마가 읽어준 걸 떠올려 비슷한 이야기를 지어내서 혼자 읽었다. 한글을 몰라도 칸 공책에 한 자 한 자 베껴서 글씨를 그렸다. 밖에서 친구들이 부르면 책 속 글자에 동그라미를 그려두고 달려나가 해가 질 때까지 힘껏 놀았다.

사춘기의 나는 책에서 위안을 받는 시간이 늘었다. 유년기에 친구가 된 책은 나를 끌어안았다. 사춘기라는 폭풍

속에 길을 잃었고 가족도, 친구도, 세상도 싫어졌다. 괜스레 마음이 배배 꼬이고 감추고 싶은 비밀도 많아졌다. 친구나 선생님, 엄마의 사소한 말과 행동에도 화나고 속상한 날이면 방문을 닫고 앉아 책을 펼쳤다.

책은 나에게 못났다며 손가락질하지 않았다. 이래라저래라하지도 않았다. 말 없이 손을 잡고 수많은 타인의 세상으로 나를 데려다주었다. 어떤 이들은 가엾고 답답했고, 어떤 이들은 파렴치하고 가증스러웠고, 어떤 이들은 용감하고 호기로웠다. 천 권의 책을 읽으면 천 번의 인생이 모두 달랐다. 인간이 얼마나 나약한 존재인지 알고는 이런 나도 괜찮다고 생각했고, 인간이 얼마나 모순적인 존재인지 알고 나를 질책하는 일이 적어졌다. 이해할 수 없고 이해하기 싫었던 이들의 삶으로도 드나들 구멍이 생겼다.

나에게는 책 읽는 것 자체가 의미 있는 일이 되었다. "자신이 읽은 책에는 그 책을 읽은 밤의 달빛이 섞여 있다."는 프루스트의 말처럼, 책의 내용보다 책을 읽던 혼자만의 시간과 감정이 더욱 진하게 남았다. 도서관이나 방에서 오랜 시간 책 속에 빠져 있다 고개를 드니 주위가 깜깜할 때, 달빛 아래 손전등을 켜고 책을 읽으며 새벽을 맞이하던 순간은 충만하고 행복했다. 내 마음은 그렇게 채워졌다. 고통이 모든 인생에 필수 불가결함을 깨달은 것도 그 시절이다. '삶은 그럼에도 불구하고 사는 것'이란 답을 찾은 시간이기도 하다.

만약 책이 아니었다면 인간이 얼마나 미묘하고 복잡한 존재인지, 또 얼마나 소중하고 가치 있는 존재인지, 그래서 스스로를 사랑하고 타인을 이해하고 공감하는 삶이 얼마나 귀한지 알지 못했으리라. 아무리 외로운 순간에도 혼자가 아니라는 사실도 몰랐을 테고.

책은 언제나 내 곁에 있었지만, 그림책은 유년기 이후로 잊고 살았다. 어른이 되어서 부모로, 교사로 살다가 오래전 친구를 만났다. 그림책이라는 옛 친구는 어린 나를 지켜주었듯 어른이 된 내 곁에 다시 머물렀다. 일과를 마치고 지친 밤, 소파에 앉으면 건너편 책장의 책들이 손짓했다. 피아노 건반을 쓸어내리듯 손가락 끝으로 책등을 스치다 그날 나에게 온 책 한 권을 꺼낸다.

모두가 잠든 밤, 오롯이 나를 위해 가만가만 책을 읽으면 눈물이 차오르고 행간의 글자들이 춤을 추었다. 어김없이 책이 말을 건넸다. '오늘 하루도 수고했어. 잠시 쉬어가도 괜찮아. 지금은 엄마도, 아내도, 선생님도 아닌 그냥 너만 생각해.' 그렇게 잠시 기대고 나면 다시 새날을 살 수 있겠구나 싶었다.

나는 지금 잘 살고 있는가 고민하던 수많은 밤에 깨달았다. 때로는 내가 책을 읽는 게 아니라 책이 나를 읽어준다. 책은 언제나 기댈 곳이 되어준다.

열두 살이 되었을 주영이는 여덟 살 때와 무엇이 같고 무엇이 다를까. 지금도 『엄마는 정말 대단해요』를 읽을까. 중학생이 되었을 경수는 '푸른 개'를 찾았을까. 아니면 자신을 지킬 수 있는 날개 달린 푸른 개로 성장하고 있을까. 어쩌다 책등을 훑는 손가락이 두 책에 닿는 날이면 주영이의 머리카락을 빗던 교실로, 경수와 이야기 나누던 벚나무 아래로 마음이 달려간다.

누구에게도 들키지 않고 혼자 울고 싶은 날, 책이 푹 뒤집어쓰는 담요가 되어주고, 어느 날은 마음껏 하늘을 나는 양탄자가 되어주었기를. 더 이상 담요도 양탄자도 필요하지 않는 날이 오더라도 혼자만의 방에서 책들의 숨결이 두 아이의 곁을 지켜주기를 나는 간절히 바란다.

함께 읽으며

『푸른 개』 __나자 | 최윤정 옮김 | 주니어파랑새

『엄마는 정말 대단해요』 __카트리오나 호이 글 | 애니 화이트 그림 | 이정아 옮김 | 한국슈바이처

이렇게도 해보았어요

- 푸른 개를 생각하며 떠오른 것(외로움, 용기, 우정 등)을 이야기 나눈다.
- 푸른 개를 만나면 함께하고 싶은 일을 이야기한다.
- 하고 싶은데 어른들이 금지한 일과 이유, 그때의 기분을 주고받는다.
- 자신만의 푸른 개는 누구 혹은 무엇인지, 자신이 누군가의 푸른 개가 되어줄 수 있을지 대화한다.

나랑 상관없어요

　중간놀이 시간에 회의를 마치고 교실에 들어서는데 뒤편에서 주원이와 은호가 멱살을 잡고 있었다. 손 놓으라고 소리치는 내 목소리가 들리지 않는지, 듣고 싶지 않은지 욕설과 주먹이 계속 오갔다. 둘을 말리려는 데 혼자 힘으로 불가능했다.

　나는 도와달라고 소리를 질렀고 여럿이 달려들어서 겨우 둘을 떼어놨다. 주원이 얼굴은 찢겨서 피가 났고 은호도 입술이 터지고 목에 생채기가 났다. 주원이부터 치료를 받게 보건실로 보내고 은호를 진정시켰다. 수습하고 보니 그제야 교실 바닥에 앉아 있는 지혁이와 선우가 눈에 들어왔다.

"앗싸, 내가 이겼다."
"야, 다시 해!"

눈앞에 보이는 광경이 의아해서 미간이 찌푸려졌다.

"너희들 언제부터 거기 있었어? 주원이랑 은호 싸우는 거 몰랐어?"
"알았어요."
"그런데 계속 놀고 있었던 거야?"

두 아이가 싸우는 아수라장 속에서 다른 두 아이는 자리를 옮겨가며 알까기 놀이에 몰두하고 낄낄거리고 있었다. 피가 거꾸로 솟는다는 게 어떤 의미인지 경험한 순간이었다. 온몸에 분노를 담아 소리를 질렀다.

"친구가 싸우는데 말릴 생각을 안 했다고? 니들이 그러고도 친구야?"
"아, 뭔 상관이에요. 지들이 싸우는데."
"상관이 없다고?"
"네. 나랑 상관없어요."

"말리다 내가 맞으면요? 나만 손해잖아요."
"피해를 본 건 우리예요. 놀지도 못하게 쟤들이 시끄럽게 굴었잖아요. 싸울 거면 나가서 싸우든지, 쟤들을 혼내야지 왜 우리한테 그래요?"

두 아이는 나만큼 핏대를 세우고 달려들었다. 싸운 아이들은 이유를 찾아서 해결하면 된다. 하지만 옆에서 치고받는 일을 자신과는 아무 상관이 없다며 방관하는 아이들을 어떻게 해야 할까. 숨이 가빠왔다. 복도로 나가 창문을 열고 심호흡을 하는데 눈물이 북받쳤다.

'이건 아니지. 이건 아니야. 이럴 순 없어. 내가 이 아이들을 감당할 수 있을까? 어디서부터, 어떻게 풀어가야 할까?'

교사 생활 9년 차에 다른 지역으로 발령을 받은 해 5월 초, 5학년 교실에서 벌어진 일이다. 개학하고 두 달 동안 하루하루가 힘들었다. 이른 사춘기가 시작되어서 말과 행동이 까칠한 아이들이 많았다. 서로 거친 말이 오가고 다툼으로 이어지는 경우도 다반사였다. 교실에서도 복도에서도 운동장에도 싸움이 일어났다.

반 분위기를 휘젓는 영준이도 있었다. 영준이는 갑상선 치료를 받는 중이라 감정 기복이 심했다. 70킬로그램이 넘는 커다란 덩치로 기분이 좋을 때는 노래를 흥얼거리며 친구들도 나도 획획 들어올렸다. 기분이 나쁠 때는 '바르게 앉자.'는 한 마디에도 책상을 밀치고 욕을 했다. 수업 중이나 쉬는 시간, 급식 시간에도 운동장이든 교문 밖이든 뛰쳐나가는 게 일상이었다. 시험 날에도 친구들을 방해하다 자신은 시험을 거부하고 나갔다. 책을 읽어주면 유치하다며 나가고 공부 시간에는 어렵다고 짜증을 냈다. 친구들과는 눈만 마주쳐도 "왜, 꼽냐? 덤벼. 덤벼봐."라며 공격성을 드러냈다.

교실에서 어려운 상황은 늘 존재했지만, 그해는 유독 힘들었다. 알고 있다. 필요한 건 시간과 노력과 온 마음이라는 것을. 봄, 여름, 가을을 보내고 겨울이 되면서 아이들은 조금씩 달라지고 성장할 것이다. 하지만 그 과정이 벅차고 힘들었다.

수없이 주저앉았고 교직을 떠나고 싶은 마음이 다시 찾아온 그해, 상담 공부를 시작했다. 학교 일만으로도 벅차고 힘들었지만 돌파구가 필요했다. 고학년 생활 지도에 어려움을 겪으며 같은 고민을 하던 동료 네 명과 함께였다. 나와 동료들은 공부한 내용을 치열하게 나누고 실제 상담에 적용했다. 그럼에도 부서지고 찢기는 날이 많았다. 아이들과의 관계 속에서 마음을 다치고 포기하고 싶었다. 혼자서 주위 담기에는 힘에 부쳤지만, 동료들이 사방에 흩어진 너덜너덜한 조각들을 주워다 꿰매주었다. 충분히 애쓰며 잘하고 있다고 다독이며 서로에게 버팀목이 되었다.

지금 우리가 할 일은 힘든 교실의 이야기를, 걱정되는 자녀의 이야기를 혼자 끙끙대지 말고 밖으로 꺼내는 것이다. 나만 힘든 게 아님을 깨닫는 순간 안도하고 위로받는다. '나보다 더 힘든 이들이 있구나. 힘듦을 나눌 수 있는 이들이 지금 곁에 있구나.'라는 생각이 우리를 지킬 수 있다. 이 또한 함께하는 공부다.

알까기 사건 이후 지혁이와 선우는 내 말끝마다 토를 달고 날을 세웠다. 따돌림 문제를 다룬 『모르는 척』을 같이 읽고 싶었지만, 지혁이와 선우의 반응이 걱정됐다. 한 주 동안 그 책을 넣다 뺐다만 하다 마침내 용기를 냈다.

'돈짱'이란 아이는 사소한 실수로 야라가세 패거리에게 놀림을 당하고 학교 폭력에 시달린다. 주인공인 '나'와 친구들은 돈짱이 안됐지만 자신들까지 괴롭힘을 당할까 봐 돈짱을 돕지 못한다. 어느 날 나는 야라가세 패거리의 도둑질을 목격하고 방관자에서 협박을 당하는 피해자가 된다. 부모님과 선생님은 가볍게 여기고 관심을 두지 않았다. 돈짱은 학예회날 야라가세에게 복수하고 전학을 간다. 돈짱을 생각하며 괴로워하던 나는 졸업식 날 모두 앞에서 용기가 없어 괴롭힘을 모르는 척했던 자신의 모습을 고백한다.

책을 읽고 난 아이들의 반응은 반반이었다. 폭력을 목격했을 때 적극적으로 개입해야 한다는 의견과 반대 의견이 팽팽했다. 서로 뜻을 굽히지 않았다. 학급회의를 열고 친구를 존중하며 지내기 위한 실천 방법을 찾았다. 주원이와 은호의 싸움처럼 말 한 마디가 불씨로 번지는 문제를 두고는 한 달 동안 서로 존대하기로 결정했다. 잘못했을 때는 인정하고 사과하자고 했다. 친구가 잘못된 행동을 할 때 "멈춰!"라고 말해주고, 그 말을 들으면 신호등의 빨간불을 보듯 즉시 멈추기로 했다. 지혁이와 선우를 비롯한 몇 명은 존댓말을 쓰기로 한 의견에 반대한다며 앞으로 말을 하지 않겠다고 선언했다.

"주원님, 비켜주세요."

"아, 미안해요."

"은호님, 지우개 좀 빌려주세요."

"여기요."

"고마워요."

존대는 화를 내거나 소리를 지를 때 어울리지 않는다. 처음에는 오글거린다던 아이들이 약속한 한 달 뒤에도 존댓말을 계속 쓰자고 했다. 눈에 띄는 변화는 없었지만 아이들 말투가 조금 달라졌다. 다툼이 사라지지는 않았지만 횟수와 강도가 줄었고 화해하는 속도가 빨라졌다. 시간이 걸렸지만 지혁이와 선우도 존댓말을 쓰기 시작했다. 2학기 말이 되자 존대하지 않으면 더 어색하다고도 했다. 존중받는 경험은 서로를 기쁘게 했고 학급 문화로 자리 잡아갔다. 학급의 문제를 아이들에게 돌려준 결과는 놀라웠다. 진지하게 고민하고 협의하여 결정과 실행으로 옮기는 아이들을 보며, 그간 내가 얼마나 아이들을 미숙한 존재로 여겼는지 미안하고 부끄러웠다.

그동안 나는 아이들이 자기 일에 스스로 답을 찾을 수 있다고 믿지 않았다. '어떻게 그럴 수 있을까?'라며 감정적으로 대응했고 선생인 내가 세운 규칙과 상식으로 해결하기를 바랐다. 언제나 심판자로 관여했다. 스스로 선택한 결정을 존중하는 '자기 결정의 원리'가 없는 교실이었다. 처음으로 '비심판자'가 되어 지켜보기로 했다. 진심으로 경청하고 수용하며 "그랬구나. 그럼 너는 어떻게 하고 싶은데? 네가 생각하는 해결 방법을 말해줄래?"라고 문제를 당사자에게 되돌리기로 했다. 훈계하고 화해를 강요하는 대신 스스로 답을 찾아갈 수 있도록 도와주는 것이 교사가 할 일임을 깨달았다.

만약 내가 나서서 해결 방법으로 '존대를 해야 한다.'고 지시했다면 결과는 어땠을까. 또 한 번의 실패와 좌절을 아이들 탓으로 돌렸을지 모른다. 민주성은 믿음으로부터 출발한다. 구성원들이 함께 답을 찾을 수 있을 거라는 믿음이다. 물론 그 과정은 답답하다. 길이 멀기도 하고 구성원이 당장 옳은 길이 아닌 곳으로 향하기도 한다.

그렇지만 직선거리를 두고 멀리 돌아가는 것처럼 보이는 그 길에서 아이들은 많은 일을 경험하고 배운다. 선택하면 책임이 따른다는 사실을 깨친다. 잘못된 선택을 했을 때 책임을 회피하거나 떠넘기지 않아야 한다는 점도 배운다. 소수의 의견을 존중해야 하고 권리와 함께 의무도 필요하다는 것도.

아이들의 '존댓말 쓰기'와 함께 내가 제안한 '책 읽어주는 시간'도 통과되었다. 협의 결과는 책 읽기를 싫어하는 친구들도 있을 수 있으니 책 읽기를 방해하지만 않으면 그 시간 동안 무엇을 해도 자유라는 거였다. 즉, 듣고 싶지 않으면 듣지 않을 권리가 주어졌다.

책상에 걸터앉거나 누워도 좋고 바닥에 돗자리를 깔고 끼리끼리 모여도 좋았다. 아이들은 작은 자유를 즐겁게 누리며 걸터앉고 눕고 뒹굴었다. 그림책이 유치하다며 매번 자리를 박차고 나가던 영준이는 복도에서 서성이다 어느 날부터는 교실 바닥을 차지하고 누웠다. 그러다 나중에는 최고 애청자와 알리미를 자청하며 빨리 책 읽는 시간을 갖자고 으름장을 놓았다.

여름이 되면서 날마다 15분씩 재미있는 단편, 중장편을 읽었다. 책을 덮으며 "내일 이 시간에."라고 말하면 너무한다며 원성이 자자했다. 동화책 읽기는 일일 연속극을 보듯 아쉬움과 기다림의 맛으로 버무려졌다. 11월에는 조정연 여행작가가 쓴 『넌 네가 얼마나 행복한 아이인지 아니?』라는 책을 읽었다. 아프리카, 중동, 동남아 등에서 어린이들이 겪고 있는 처참한 실상을 알리는 책이었다.

쓰레기장에 사는 열두 살 라타는 쓰레기 더미에서 주워온 재료로 집을 짓고 산다. 일곱 식구의 생계를 책임져야 하는 삼 형제가 온종일 쓰레기 더미를 뒤져서 손에 쥐는 돈은 약 400원이다. 포탄이나 총알이 날아다니지는 않지만, 음식 쓰레기를 먹지 않으면 굶어 죽는다. 폭력과 살인과 유독가스가 생명을 위협하는 쓰레기장은 또 다른 전쟁터다. 라타와 형제들은 말한다. "배고픈 게 제일 힘들어요. 죽는 건 무섭지 않아요. 아침에 눈을 뜨지 않았으면 좋겠다고 생각할 때도 있어요. 죽어서 하늘나라로 가면 더 이상 배고픈 고통은 없을 테니까요."

불법으로 팔려와 낙타를 몰던 네 살 알스하드, 여덟 살에 소년병이 된 모하메드, 쓰레기 더미 위에 사는 소피아, 그 외에 목화를 따거나 카카오 농장에서 착취당하는 아이들 이야기는 읽는 사람도, 듣는 사람도 힘들게 했다. 아이들은 몇 번이고 물었다. 정말 이렇게 사는 아이들이 지구 어디엔가 있느냐고. 그리고 말했다.

"선생님, 더 못 듣겠어요. 너무 힘들어요."
"학교에서도, 집에서도 계속 생각나요. 밥도 못 남기겠어요."
"어른들이 나빠요. 왜 아이들을 팔아요? 아무리 가난해도 어떻게 그래요?"
"저는 하고 싶은 거, 사고 싶은 거 다 못하고 못 사서 우리 집이 가난하다고 생각했어요. 그런데 아니었어요. 너무 부끄러워요."
"제가 얼마나 행복한 아이인지 알겠어요."

아이들은 알지 못하던 먼 나라 어린이들의 삶 옆으로 다가섰고 자신의 삶도 돌아보기 시작했다. 아홉 명의 이야기를 끝까지 읽고 책을 덮은 날, 무겁게 가라앉은 적막을 깨며 지혁이가 말했다.

"선생님, 도와주고 싶어요."

귀를 의심했지만 분명 지혁이 입에서 나온 말이었다. 다음 날, 임시 학급회의를 열어 구호 단체가 하는 일을 조사했다. 우리가 하는 일의 취지를 가족에게 알리고, 가사를 돕고 용돈을 받아서 후원금을 모으기로 했다. 한 달 뒤, 어느 단체에서 진행하는 '플럼피넛'에 후원하기로 정했다. 기아로 죽어가는 아이들이 플럼피넛이라는 영양식을 먹으면 영양실조와 죽음을 막을 수 있다고 했다.

약속한 날에 꽤 많은 액수가 모였고 후원금을 보냈다. 아이들은 적은 돈으로 죽어가는 다른 아이들을 살릴 수 있다는 사실이 슬프다고 했다. 몇백 원이 없어서 굶어 죽는 아이들이 있다는 걸 이제껏 몰라서 미안하다고 했다. 이 모든 일의 시작과 중심에 지혁이와 선우, 영준이가 있었다.

유년 시절부터 책과 친구로 살아오는 동안 나는 책 속

에서 울고 웃었다. 어떻게 살아야 하는지 끊임없이 자문했다. 딱 거기까지였다. 그런데 아이들은 책 속에만 머물지 않았다. 책 밖 세상으로 걸어나왔다. 책을 읽자고 제안한 건 나였지만 어떻게 살아야 하는지 보여준 건 아이들이었다. 아이들은 분명 책을 읽기 전과 다른 모습으로 다르게 행동했다. 가족을 설득해서 봉사활동을 다니는 아이도 있었고, 일대일 후원을 시작한 아이도 있었다.

학년 초반에 괴롭고 원망스러워서 도망치고 싶던 나는 학년 말에 예견하지 못한 상황에 도달했다. 같은 반 친구들이 옆에서 피가 터지게 싸워도 낄낄대며 놀고 나와는 상관없다던 지혁이와 선우 그리고 영준이의 변화 앞에서 먹먹해졌다. 한 해 동안 모든 과정을 함께 나눈 동료들도 자신의 일처럼 기뻐해주었다.

"그렇다고 해도 모르는 척하면 안 되는 거야. 마음속에 간직한 등불이 꺼져버리면 어떻게 되겠니?"

『모르는 척』에서 돈짱이 의지할 곳 없이 힘들 때 위로해주고 주인공에게 깨달음을 준 어묵 파는 아저씨가 한 말이다. 책 속에서 걸어나온 아이들은 주위 사람이 겪는 어려움을 모르는 척하며 살지 않을 것이다. 마음속에 간직한 등불이 흔들리더라도 꺼지지 않도록 지켜나갈 테다.

돌이켜보니 나 역시 돌부리에 걸려 넘어지고 찢기면서 가장 많이 배우고 성장한 날들이었다. 그해 만났던 아이들은 내 인생에 중요한 나침반 역할을 하는 세 가지를 가르쳐 주었다.

하나는 교사가 심판자의 역할을 내려놓고 어린이가 민주적인 의사결정권을 가질 때, 아이들이 스스로 책임 있는 결정을 할 수 있다는 믿음이다. 어린이는 자발적으로 연대하는 과정에서 작은 사회를 경험하며 성장한다.

또 하나는 사람은 환경에 의해, 사람과 상황에 의해 변화할 수 있고 서로의 세상을 확장할 수 있다는 믿음이다.

마지막으로 등불을 들고 책 밖으로 나오는 것이 독서의 궁극적 목적이라는 믿음이다. 앎과 배움은 실천할 때 삶을 변화시킨다. 모르는 척하지 않는 마음이 모여 누군가를 살리는 희망이 될 수 있다.

함께 읽으며

『모르는 척』__우메다 슌사쿠 글 | 우에다 요시코 그림 | 송영숙 옮김 | 길벗어린이

『넌 네가 얼마나 행복한 아이인지 아니?』__조정연 글 | 이경석 그림 | 와이즈만BOOKs

『친절한 행동』__재클린 우드슨 글 | E.B.루이스 그림 | 김선희 옮김 | 북극곰

이렇게도 해보았어요

💬 자신은 어느 때 무엇을 모르는 척하는지 이야기한다.

💬 따돌림이나 폭력을 목격했을 때 어떻게 하면 좋을지 의견을 나눈다.

💬 마음속에 간직한 등불이 꺼지면 어떻게 될지 생각해본다.

💬 노동을 착취당하고 배고픔에 시달리는 어린이가 없어지도록 도울 수 있는 일을 생각해본다.

💬 내가 받은 작은 친절, 내가 행한 작은 친절에 대해 이야기한다.

사랑은 미루지 말자

짙은 초록색 눈 화장에 입술엔 빨간 립스틱을 바른 할머니가 빨대로 요구르트를 마시고 있다. 『장수탕 선녀님』의 표지는 볼수록 재밌다. 눈은 위로 치켜뜨고 입술은 힘껏 오므리고 어찌나 맛있게 먹는지 쪽쪽 소리가 날 것만 같다.

책장을 넘기면 아주아주 오래되어 보이는 목욕탕이 나온다. 덕지와 엄마는 오늘도 장수탕에 간다. 냉탕에서 놀던 덕지 앞에 이상한 할머니가 나타나서는 자신을 날개옷을 잃어버린 선녀라고 소개한다. 둘은 금방 친해져서 신나게 노는데, 할머니 등에 타고 물속을 헤엄치는 덕지의 모습이 압권이다. 아이들의 괴성도 절정에 달했다.

"아, 변태! 못 보겠어요!"

"왜?"

"옷 벗었잖아요."

"그렇지. 벗었지. 얘들아, 여기가 어디지?"

"목욕탕이요"

"그래, 목욕탕. 목욕탕 가본 친구?"

"저요, 저요, 저요."

"목욕탕에서 옷 입고 탕에 들어가는 사람 봤어? 난 못 봤는데. 너희들도 이렇게 놀지 않아? 어푸어푸 헤엄치고 잠수하면서."

"그건 그렇죠. 그래도 아무튼 이상해요. 아우~"

한바탕 괴성이 지나고 나서야 다음 장을 읽을 수 있다. 그림책을 덮고 나면 목욕탕 체험기를 말하느라 또 폭풍이 몰아친다. 때 밀 때 눈물이 난다. 너무 아프다. 도망가다 미끄러졌다. 잠수가 제일 재미있다. 어린이집 다닐 때 같은 반 친구를 만나서 부끄러웠다. 목욕하고 먹는 계란이 맛있다. 초코 우유가 더 맛있다. 선녀님이랑 비슷한 할머니를 봤다. 정말 선녀가 사는 목욕탕이 있을까. 여탕에만 있을까. 선녀님은 어떻게 됐을까. 등등 끝도 없는 수다가 이어진다. 그러다 서너 명의 아이들이 말한다. 평소에 씩씩하던 정현이도 기운 없는 목소리로 말했다.

"저는 목욕탕 한 번도 못 가봤어요."
"그래, 요즘은 집에서 씻으니까 목욕탕 가는 사람들이 많지 않아."
"아니요. 그게 아니라 우리 아빠는 쉬는 날이 없어요. 아빠랑 목욕탕 가고 싶은데…. 아니에요. 아빠가 맨날 힘들게 일하는데."

아이들과 재미있게 읽고 한바탕 웃을 책이라고 생각했는데 누군가를 침울하게 만들었다. 그림책은 늘 우리를 예상과 다른 길로 들어서게 한다. 각자 멈추는 장면이 다르기 때문이다. 모두가 다른 장면에서 즐거워하고 슬퍼하고 두려워하고 낯설어한다. 지금까지 경험해본 세상의 폭과 깊이 만큼 달리 받아들인다. 같은 책을 읽어도 경험의 차이에 따라 반응이 다르다. 저학년과 고학년이 다르고, 어린이와 어른이 다르다.

『눈물바다』라는 그림책은 시험도 망치고 선생님한테 혼나고 비를 맞으며 집에 왔는데 엄마한테도 혼난 아이의 이야기다. 아이가 흘린 눈물로 방과 집이 눈물바다가 된다. 저학년 아이들은 비를 맞고 혼자 가는 주인공 모습에 속상해하고, 눈물바다가 되는 장면을 신기해한다. 작가가 그림 곳곳에 숨겨놓은 스파이더맨, 토끼와 자라, 빵점 시험지 등을 찾는 데 열을 올린다. 고학년은 억울하게 혼났을 때와 부모님이 싸우는 장면에 멈춰 선다. 어른들은 어린 시절을 떠올리기도 하고, 내가 싸울 때 우리 아이가 땅콩만큼 작아진다는 점에, 눈물바다가 되고 싶을 만큼 서럽게 울고 싶어한다는 데에 가슴이 따끔거린다.

그림책은 삶의 시작부터 끝까지 우리 옆에 있는 책이다. 그림책을 함께 읽으면서 각자의 멈춤에 고개를 끄덕이고 반응하는 게 중요하다. 그 끄덕임에 아이들은 생각과 기분을 존중받는 경험을 한다. 그래서 아이들과 책을 읽을 때는 아이들의 속도에 맞추고 멈추어야 한다. 처음에는 무심코 읽은 책이 누군가의 상처를 건드리는 게 불편하고 미안했지만 차차 알게 되었다. 우연히 자신의 상처를 보게 된 순간이 아프다고 말할 기회라는 사실을. 그리고 용기를 내어 상처를 드러내는 순간, 치유가 시작된다.

한동안 주말이 지나 월요일이면 아이들은 목욕탕 이야기로 들썩였다. 나는 괜히 정현이의 눈치를 슬슬 살폈다. 정현이 아버지는 빵집을 운영하는데 명절 말고는 쉬는 날이 없다고 한다. 정현이 어머니와 통화하며 아버지께 정현이의 마음을 살짝 전해달라고 귀띔했다. 그다음 월요일, 정현이가 교실에 들어서며 쩌렁쩌렁한 목소리로 말했다.

"선생님, 저, 아빠랑 목욕탕 갔어요. 헤엄도 치고 잠수도 하고 장수탕 선녀님처럼 폭포물도 맞았어요. 싸우나 들어가봤는데 숨 막혀 죽는 줄 알았어요. 아빠가 때 밀어주고 나도 아빠 등 밀어줬어요. 때 엄청 많이 나왔어요. 목욕하고 요구르트도 마셨어요. 진짜 맛있었어요."

정현이는 쉬지 않고 이야기를 쏟아내고도 흥분을 삭이지 못하고 처음 가본 목욕탕에 대해 종일 말하고 다녔다. 그날 정현이의 일기는 한 장이 빼곡 채워져 있었다. 목욕탕에 간 사연과 아빠와 즐거웠던 일들이 눈에 그려지듯 선명했다. 일기의 끝은 이랬다.

"우리 가족을 위해서 새벽부터 밤까지 일하는 아빠가 나랑 같이 목욕탕에 가주어서 너무 고맙다. 아빠랑 목욕탕에 가봤으니 나는 이제 소원이 없다."

어린이들은 알고 있다. 부모님이 얼마나 열심히 일하는지, 그 '열심'은 바로 나와 가족을 위해서임을 누구보다 잘 안다. 그래서 정현이는 친구들처럼 목욕탕에 가보고 싶지만 입 밖으로 내지 않았던 거다. 바쁜 아빠가 장사를 뒤로하고 자신과 함께 목욕탕에 가주었으니 그것으로 충분하다고 말하는 거다.

어린이의 바람은 이토록 소박하다. 많은 시간을 내어서 무슨 일이든 함께 해달라는 게 아니다. 짧은 시간이어도 같이한다면 그저 기쁘다. 그런데 어른들은 어린이들에게 긴 시간을 내지 못하는 상황을 미안해하고 자신을 탓하기도 한다.

내가 그랬다. 늘 미안해하며 자책을 되풀이하는 엄마였다. 퇴근 후 바쁜 저녁 시간에 딸아이가 책을 가져와서 읽어달라 요구하면 "잠깐만, 저녁 준비만 하고. 잠깐만, 이제 설거지만 하면 돼. 조금만 기다려. 오늘은 늦었으니 내일 하자. 주말에 하면 되잖아."라며 미루기 일쑤였다.

남편이 약속이 있는 날이면 더 바빴다. 그날도 여러 번 "잠깐만"이라고 대꾸하고 집안일에 몰두했다. 청소, 두 아이 목욕, 저녁 식사, 또 다른 집안일들… 때늦은 설거지까지 끝나갈 무렵, 발에 묵직한 게 걸렸다. 아이가 주방 구석에서 책을 품에 안고 오그린 채 잠들어 있었다.

엄마의 "잠깐만"을 기다리다 지쳐서 잠든 아이를 보고 물이 뚝뚝 떨어지는 고무장갑을 낀 채 주저앉았다. 나는 지금 무엇을 위해 살고 있는지. 왜 아이를 사정하게 만들고 잠깐의 시간도 허락하지 않는지. 학교에서는 날마다 학생들에게 책을 읽어주면서 정작 내 아이에게는 기다리길 요구하고 인색하게 구는지. 아이가 깰까봐 입을 틀어막고 소리를 삼키며 통곡했다.

날마다 아이와 보내는 시간을 미루던 나는 고무장갑을 벗어 던지고 집안일을 미루기로 작정했다. 그날 이후 아이와 함께 좋아하는 책을 읽었다. 남편과 요일을 정해서 교대로 아이들과 놀았다.

언젠가 고등학생이 된 아이가 말했다. 엄마는 종일 일하고 퇴근하면 또 집안일 하느라 힘들었을 텐데 자기 이야기도 다 들어주고, 책도 몇 권이든 읽어달라는 대로 다 읽어줘서 고마웠다고. 그 시간이 참 좋았다고. 곧 이십 대가 될 아이와는 지금도 가끔 그림책을 읽고 수다를 떨며 지낸다.

내 경우처럼 "잠깐만"을 입에 달고서 미루다보면 아이와의 크고 작은 약속을 잊어버리거나 못 지키기도 한다. 아이는 크게 실망하고 자신이 부모에게 소중한 존재가 아닐지 모른다는 불안감을 가질 수도 있다. 점점 어른이 하는 약속을 믿지 않기도 한다. 한쪽이라도 믿음에 금이 가기 시작하면 그때부터 사랑은 힘을 잃는다.

아이들의 하루는 크고 작은 일들로, 나와 주변 이야기로 넘쳐난다. 저학년 아이들은 선생님이 한 말도 빠짐없이 재잘거려 전한다. 그런 아이들의 이야기를 들어보면 아이들이 무엇을 바라는지 알 수 있다. 그러나 바쁘다며 "잠깐만", "나중에"라는 말을 버릇처럼 내미는 부모를 아이는 오래 기다려주지 않는다. 시간이 지나 "오늘 학교에서 어떤 일이 있었어?" 하고 부모가 물어도 "그냥 그랬어." "재밌었어." 식의 짧은 대답만이 돌아온다. 입을 닫는 것이다. 그러니 부모는 아이가 말하고 싶어할 때 잘 들어주어야 한다.

학교에서도 마찬가지다. 학교에 오면, 쉬는 시간이 되면 아이들은 선생님에게 어제 있었던 일을 말하고 싶어한다. 택배 온 이야기, 빙수 먹은 이야기, 할머니 생일 이야기, 장수풍뎅이를 키우기 시작한 이야기, 엄마, 아빠가 싸운 이야기 등 귀를 열어두면 온갖 이야기를 술술 내어놓는다.

"무슨 택배였는데?"
"맛있었겠다. 선생님도 팥빙수 좋아하는데."

"할머니는 몇 살이셔?"

"선생님도 장수풍뎅이 키우다 한 마리는 죽고 한 마리는 나중에 숲에 풀어줬어. 되게 슬펐어."

"엄마, 아빠 싸울 때 넌 어디 있었어? 다 들었어? 속상했겠다."

잠깐이지만 한두 마디만 거들어주어도 아이들 얼굴은 금방 상기된다. 대부분 만족한 표정으로 자기 자리로 돌아간다.

고학년이 되면 이런 시시콜콜한 고자질을 하지 않으니, 주 2회 정도 글쓰기를 한다. 글쓰기 공책에 더 궁금한 걸 적어 묻거나 툭 말을 건다. 그러면 아이들은 안다. 선생님이 나에게 관심이 있구나. 나를 궁금해하는구나. 나를 좋아하는구나. 짧은 대화와 답글인데도 아이들이 만족하는 게 느껴진다. 이렇게 아이들은 자신의 이야기를 들어주고, 마음을 알아줄 누군가를 원한다.

정현이와 내 아이, 학교에서 날마다 만나는 아이들 덕분에 깨쳤다. 사랑은 시간으로 환산하고 값을 매길 수 없음을. 우리의 믿음처럼 반드시 시간과 비례하지도 않는다는 것을.

바쁜 아침에 식사를 준비하는 시간, 숙제와 준비물 챙

기는 걸 돕는 저녁 시간, 오늘 학교에서 있었던 일에 귀 기울이는 시간, 아이가 책을 읽어달라고 조를 때 어깨를 맞대는 시간, 주말에 자전거를 밀어주고 함께 연습하는 시간, 맛있는 음식을 같이 먹는 시간. 아이의 마음에는 모든 시간이 차곡차곡 쌓여간다. 짧은 시간이어도 아이에게 오롯이 집중하며 보낸다면 아이는 자신이 사랑받고 있음을 온몸으로 느낀다. 이제는 사랑을 시간으로 환산하는 죄책감에서 우리를 풀어주면 좋겠다.

어린이의 간절한 마음은 달리는 차 안에서 보이는 차창 밖 풍경처럼 순식간에 지나가기도 한다. 그러니 어린이가 원할 때, 지금 이 시간을 함께하자. 함께 머물 때 함께 있음을 느끼는 것으로 충분하다. 곁에 있어달라고 아이가 부모를 조르는 이 시간이 영원할 것 같지만, 지나고 보면 찰나처럼 짧다. 값을 매길 수 없는 이 시간이 바로 사랑이다. 다 미루더라도 사랑은 미루지 말자.

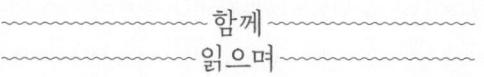

함께 읽으며

『장수탕 선녀님』 __ 백희나 | 책읽는곰

『문어 목욕탕』 __ 최민지 | 노란상상

이렇게도 해보았어요

💬 목욕탕에 가본 경험을 이야기해본다.

💬 만약 목욕탕에서 선녀님을 만난다면 함께하고 싶은 일이 무엇인지 상상해본다.

💬 그 후 선녀님은 어떻게 됐을지 상상하고 이야기 나눈다.

💬 목욕탕이나 집에서 목욕을 하고 요구르트를 쪽쪽 빨면서 다시 책을 읽고 이야기를 나눈다.

💬 바라는 것, 하고 싶은 것들의 이야기가 담긴 그림책을 읽고 생각을 주고받는다.

💬 친구에게 말하기, 일기, 시 쓰기 등으로 겪은 일과 그때의 마음을 표현해본다.

어린이는 누구나 시인이다

"엄마, 나 모기랑 친하게 지내고 싶어."
"왜?"
"그러면 모기가 나 안 물 것 같아."

우리 집 헌혈왕이던 아들이 다섯 살 때 모기 물린 곳을 벅벅 긁으며 했던 말이다.

"엄마, 산타 할아버지한테 꼭 소원 빌 거야."
"무슨 소원인데?"
"똥이 오래오래 나오게 해달라고."

딸이 일곱 살 때 했던 말이다. 엄마, 아빠, 오빠는 화장실 변기에 앉아서 책을 읽는데, '끄응 끙!' 두 번이면 용변을 마치는 자신은 책을 볼 수 없어서 속상하단다. 혼자 깔깔거리다 횅한 바람이 일었다.

'다시 듣지 못할 말, 다시 오지 않을 순간이 지나가는구나.'

온탕과 냉탕을 오가는 육아의 현장에서 아이들의 멋진 말을 들은 날은 바람결에 서서 아이를 오래도록 바라보곤 했다. 딸의 소원을 흐릿해질 과거로 보내고 싶지 않았다. 가죽 표지에 스프링이 달린, 꽤 두툼하고 손바닥만 한 수첩을 샀다. 그 수첩에는 아이들의 세상 예쁜 말들이 담겼다. 자라면서는 엉뚱하고 기막히고 한심하고 때로는 철든 것 같은 말도 쓰였다.

처음엔 재미나서 열심히 쓰다가 나중엔 드문드문해졌다. 수첩을 잃어버렸다 찾았다 하면서 해가 바뀌기도 했다. 오랜만에 뒤적이다 "네가 여섯 살 때 이런 말을 했어." 하고 알려주면 아이는 "내가? 진짜?"라면서 더 읽어달라고 졸랐다. 수첩 속 말들은 이사 온 지 오래됐지만 행복한 추억이 많았던 그리운 옛집으로 우리를 데리고 갔다.

좀 더 부지런하고 치밀한 성격이었다면 빛나는 순간들

과 별빛 같은 말들을 차곡차곡 담아두었을 테지만 나는 게으르고 허술한 엄마였다. 그래도 때때로 추억에 젖을 만큼, 가끔 놀려먹을 수 있을 만큼의 곳간은 채워두었다.

학교에서는 아이들의 시시콜콜한 이야기에 귀가 솔깃하고 몸이 기울었다. 지나가는 말에도 웃었다, 놀랐다, 찡했다, 하루에도 몇 번씩 마음이 파도를 쳤다. 아이들의 말도 수첩에 적었다. 흘리는 말을 받아적느라 갈겨쓰고 나중에 무슨 말인지 알 수 없어 답답할 때도 많았다. 뜻을 찾지 못하고 한순간을 놓치면 그렇게 속상할 수가 없었다.

"선생님, 아침에 학교 오는데, 입에서 하얀 김 나왔어요. 나, 용 맞죠?"

"선생님, 내 동생 웃기다요. 화나면 입이 코보다 대빨 나와요."

"선생니임, 큰일 났어요. 은비가요. 지우개 허리를 부러뜨렸어요. 아프겠죠?"

"(급식 시간에 호박죽에 동동 떠 있는 새알을 보며)선생님, 엉덩이 죽 좋아해요? 내 것도 먹어줘요."

"선생님, 우리 엄마 손가락 벌에 쏘였어. 그래서 뚱뚱한 핫도그 됐다. 하하하."

이게 다 아이들이 내 책상 언저리에 툭툭 버리고 간 말들이다. 나태주 시인은 시를 '그냥 줍는 것'이라고 표현했다. 시인의 말처럼 "길거리나 사람들 사이에 버려진 채 빛나는 마음의 보석들"이 시라면 버려진 채 두고 싶지 않았다. 아이들 뒤를 졸졸 따라다니며 땅바닥에 버린 보석을 죄다 주워 담고 싶었다. 버려진 말들이 너무 아까워서 아이들에게 한 줄만 글로 써보자 꼬드겼다. 방금 자기가 한 말을 그대로 쓰자 선생님이 멋진 시라며 호들갑을 떤다. 아이들 눈이 커다래졌다. 눈을 치켜뜨며 미심쩍게 쳐다보다 조금씩 눈꼬리가 내려갔다. 그렇게 말들은 주인에게 돌아가기 시작했다.

일주일에 한 번씩 시를 썼는데 재미를 느끼면서 두세 번씩 혹은 날마다 쓰는 아이들도 있었다. 시 공책을 내밀며 읽어봐라, 읽어달라, 자랑하기 바빴다. 한글이 서툰 아이들이 한 글자 한 글자 물어보면서 쓴 시는 보석 같았다. 갈고닦지 않아서 더 빛나는 보석들을 오래 볼 방법을 고민하다 지역 책방에서 시집을 출간하기로 했다. 열한 명 아이들이 쓴 11편의 시를 고르며 며칠을 고민했다. 들었다 놨다 하다 결국 내려놓은 시를 마냥 아쉬워하면서. 말과 글은 그 사람이라더니 어린이의 말은 어린이였다. 순수하고 거침없는 어린이.

바람 소리가

사르르 사르르

기분이 좋아요.
- 동시집 『나랑 자고 가요』 중 「바람 소리」 (조서현, 여덟 살)

밤은 따가워.

밤은 맛있어.

밤은 왜

잠바를 두 개 입을까?
- 동시집 『나랑 자고 가요』 중 「밤」 (서지현, 여덟 살)

나도 언니 되고 싶어.

친척에도 아무도 동생이 없어.

나는 제일 늦둥이야.

그런데 우리 엄마는 애기를 못 낳는대.

우리 엄마 늙었어.
- 동시집 『나랑 자고 가요』 중 「우리 엄마 늙었어」 (김소이, 여덟 살)

오는가 싶더니 간다는 인사도 없이 떠나는 게 봄이다. 아이들의 언어는 봄꽃 같다. 봄비 서너 번에 개나리도, 목련도, 벚나무도 미련 없이 꽃을 떨어뜨린다. 이 순간이 지나면 다시 못 볼 봄꽃. 해마다 봄이 되면 피어나겠지만 작년, 재작년의 그 꽃은 아니다. 보석 같고 봄꽃 같은 말들을 줍고 모았다. 그 꽃들의 향기가 얼마나 멀리까지 닿는지 느끼게 해주고 싶었다. 사춘기를 지나며, 20대가 되어서, 부모가 되어서, 더 많은 시간이 흘러서 여덟 살, 아홉 살, 열두 살 자신의 글과 시를 다시 만나기를 바랐다.

2020년, 코로나 바이러스가 인류의 일상을 멈추었다. 매번 이제 곧, 이제 곧 하며 만나기를 바랐지만, 아이들은 봄을 건너 초여름이 되도록 학교에 오지 못했다. 6월 중순에 처음 아이들을 만나 8월 중순까지 짧은 한 학기를 마친 것도 아쉬운데, 2학기에도 수업이 자주 원격 수업으로 전환되었다. 아이들이 가장 좋아하는 중간놀이 시간이 금지되었고 쉬는 시간도 최소화됐다.

짝꿍도 없고 모둠으로 활동하지 못하고 친구와 손을 잡거나 화장실에 같이 갈 수도 없었다. 공부 시간, 급식 시간에도 아이들에게 허용된 건 삼면이 막힌 가림판 안의 공간이 전부였다. 쉬는 시간 내 책상 주변은 늘 아이들 차지였는데 이마저도 접근이 금지되었다. 거리 두기 정책의 '2미터' 간격은 서로의 안전을 지켜주었지만 관계는 서먹해졌다.

급식 시간이 되어서야 아이들의 얼굴 전체를 볼 수 있었다. 밥을 먹으려 잠깐 마스크를 벗는 아이들 옆을 서성이며 얼굴을 훔쳐봤다. '아, 눈만 볼 때는 몰랐는데 이렇게 생겼구나.' 다시 떠올리는 게 쉽지 않아서 사진을 찍어서 얼굴을 익혔다. 친구 얼굴을 TV 화면의 사진으로 보고 익혀야 하는 이상한 일이 벌어졌다. 2미터 거리를 극복하고 심리적 거리를 당겨줄 무언가, 금지투성이 속에서 즐거운 무언가가 필요했다.

등교 수업이 있는 날에는 숲노래 최종규 작가의 『우리말 수수께끼 동시』를 한 편씩 읽고 답을 맞히는 놀이를 했다. 7월이 되자 기다리던 말이 터져 나왔다.

"선생님, 우리도 써봐요!"

시를 쓰기 전에 『다니엘이 시를 만난 날』을 읽었다. 다니엘은 공원에 있는 바위와 나무와 동물 들을 잘 아는 아이다. '공원에서 시를 만나요. 일요일 6시'라는 안내문을 보고 시가 뭘까 궁금해한다. 월요일에 만난 거미는 시가 아침 이

슬이 반짝이는 거라고 말한다. 화요일에 만난 청설모는 시는 바삭바삭 나뭇잎이 바스락거리는 거라고 설명한다. 다람쥐, 개구리, 거북이, 귀뚜라미, 부엉이에게도 시에 대한 답을 들은 다니엘은 시를 만나기로 한 일요일, 공원에 모인 사람들에게 동물 친구들의 이야기를 들려준다.

집으로 돌아오는 길, 다니엘이 연못에 비친 노을을 바라보며 자신의 시를 찾은 것처럼, 우리도 각자 자기만의 시를 한 줄씩 쓰고, 모두 모아서 시집 한 편으로 묶기로 했다.

너를 뻥 차버릴 거야

너는 열 번 흔든 콜라야
잘못하면 계속 쏟아져

땀이 날 수 있어 말을 더듬을 수도 있어
한 번 하면 또 나와
그렇게 갑자기 튀어나오지 마 제발

참 다양해 속이는 거랑 배려하는 거
눈덩이야 굴리면 자꾸자꾸 커져

죄책감이 들어 말하려고 해도 용기가 없어

들통나면 부끄러워 엄마한테 한 대 맞을 수 있어

나는 안 혼나려고 써 너는 언제 써?

– 날마다 한 줄 수수께끼 동시집 『다·줄·께』 중 「거짓말」

'거짓말'이라는 주제로 열 살 아이들이 각자 한 줄씩 종이에 써서 모은 시다. 혼자 쓰기가 끝나면 모둠 친구들이 모여 시의 순서를 정한다. 다섯 줄의 시를 완성하면 함께 읽으며 1교시를 보냈다. 처음에는 침묵을 지키던 아이들이 점점 소리를 높였다. 이래서 정민이의 한 줄이 첫 문장이 되어야 하고, 저래서 지영이의 한 줄이 마지막 문장이 되어야 한다며 열띤 토론을 벌였다.

어렵고 멀게 느껴지던 시가 쉽고 재미있게 다가오자 아이들은 한 줄을 만나기 위해 더 많이 고민했다. 경험과 생각을 압축해서 표현하는 글쓰기는 놀이였고 공부였다. 친구들의 칭찬에 으쓱하고, 더 재미있고 의미 있는 문장을 쓰고 싶어 했다.

혼자 쓰면 한 줄 시가 되고, 둘이 쓰면 두 줄 시, 다섯 명이 쓰면 다섯 줄 시가 만들어졌다. '홀로 시'도 반짝거리고

'함께 시'도 빛나서 좋았다. 한 줄 쓰기는 2미터 거리를 뛰어넘어 서로를 연결하고 당기는 끈이 되었다.

겨울 방학을 앞두고 자기에게 시란 무엇인지, 시를 쓰며 어떤 마음이 들었는지 아이들에게 물었다.

- ✦ 시는 보물이에요. 간직했다가 다시 볼 수 있으니까요.
- ✦ 시는 내 마음을 읽어줘요. 한 줄, 두 줄 시를 쓰면 마음이 편해지고 행복해져요.
- ✦ 시는 누구나 쓸 수 있는 거예요. 처음에는 쓰기 힘들었는데 언제부턴가 쉽고 재미있어졌어요.
- ✦ 시는 마음을 비우는 거예요. 잘 쓰려고 하면 안 써지고, 마음을 비우면 쉽게 써졌어요.
- ✦ 시는 재미있는 한 줄이에요. 웃기기도 하고, 재밌기도 하고, 무섭기도 하고, 슬프기도 했어요. 시는 정말 신기해요. 앞으로도 가끔 시를 쓸 거예요.

아이들은 다니엘처럼 시를 모으고 나눴다. 그 속에서 자신의 시를 찾아가고 정의했다. 잘 쓰고 못 쓰고를 가리지 않았고 모든 시를 모아 편집했고 수수께끼 시집을 출판했다. 처음부터 계획한 일은 아니었다. 한 줄이 우리에게 희망이 되었듯 누군가에게 전해져 또 다른 희망으로 싹 틔우길 바랐고, 용기 내어 써보기를 원했다. 무엇보다 재밌으니 우리만 보기에는 너무 아까웠다. 열 살에 어린이 작가가 된 아이들은 세상을 다 얻은 듯 환호하며 시집을 가보로 간직하겠다는 포부를 밝혔다.

'희망은 절망 속에서 피는 꽃'이라는 말을 몸으로 경험한 한 해였다. 코로나 바이러스라는 절망적인 상황이 아니었다면 그토록 간절히 글쓰기에 매달리지 않았을지도 모른다. 만나서 공부하고 책을 읽고 글을 쓰고 싶다는 희망이 우리를 돌봐주었다. 시를 쓰며 나와 주변을 가까이 들여다보고, 세상에 하찮고 쓸모없는 건 없다는 진리를 발견했다.

학교를 싫어하던 아이들은 놀이공원만큼 가고 싶은 곳으로 학교를 꼽았다. 손꼽아 방학만 기다리던 아이들이 방학이 없었으면 좋겠다고 외쳤다. 코로나 상황이 심각해져 내일이 불안한 일상에서 "안녕히 계세요."란 말 대신 우리는 "내일 꼭 다시 만나요."라는 간절한 인사를 전했다.

아이를 돌보며, 어린이를 만나며 알았다. 어린 시절에만 볼 수 있고, 할 수 있고, 믿을 수 있는 세상이 있음을. 자라면서 여덟 살, 열 살의 말을 잊을 때가 온다는 것을. 아쉬워하지만 말고 '언어의 집', '시의 집'을 만들면 그 말들을 언제든 다시 만날 수 있다. 나는 앞으로도 아이들을 쫓아다니며 그들도 모르는 새 툭툭 떨어뜨리는 보석과 꽃잎을 부지런히 주워 담을 것이다.

"네 거야. 네가 떨어뜨린 거야. 자세히 봐. 보이니? 반짝반짝 빛나는 거."

그렇게 말하며 아이들의 두 손에 다시 올려주고 싶다. 봄꽃 같아서 그냥 두면 바람과 비가 떨어뜨리고, 첫눈 같아서 가만히 두면 땅 위에서 금세 사라지는 그것. 아이들과 엮은 동시집 『나랑 자고 가요』 추천사에서 곽재구 시인은 이렇게 말해주었다.

"아이들이 세상을 바라보는 눈은 신비하고 맑습니다. 아이들의 눈빛이 변하지 않고, 아이들의 시가 어른이 되어서도 우리 곁에 꽃향기처럼 남아 있다면 인간의 세상은 천국이 될 것입니다."

그동안 만난 어린이의 말과 글은 한 마디, 한 줄만으로도 스스로 빛났다. 시인의 말처럼 세상을 바라보는 이런 신비하고 맑은 눈빛을 오래 간직하기를 바란다.

어린이는 누구나 시인이다. 온 마음으로 부럽다.

함께 읽으며

『다니엘이 시를 만난 날』__미카 아처 | 이상희 옮김 | 비룡소
『다·줄·께』__광양마로초등학교 3학년 3반 24명 지음 | 김영숙 엮음 | 심다
『나랑 자고 가요』__광양동초등학교 1학년 1반 11명 지음 | 김영숙 엮음 | 심다

이렇게도 해보았어요

- 자신이 사용하는 일상의 말, 친구들끼리 서로의 말에서 시를 찾는다.
- 시 공책에 말을 그대로 옮겨 적는다.
- 친구들과 함께 쓰고 싶은 주제를 모으고, 그 주제들 중 하나에 대한 생각을 한 줄로 적는다.
- 각자 쓴 한 줄을 모아서 시를 엮는다.
- 친구들의 시를 함께 읽는다.

어쩌면 가끔은 괜찮은 선생님

교실에 들어서면서 "다녀왔습니다." 하고, 집으로 가면서는 "다녀오겠습니다." 말한다. 눈꼬리와 입꼬리에 장난기를 잔뜩 머금은 지선이의 인사법이다. 고개를 갸웃하며 인사를 잘못한 게 아니냐고 물었더니 아니란다. 지선이는 선생님과 학교가 좋아서 학교에 계속 있고 싶다고 했다. 엄마, 아빠가 걱정할 수 있으니 잠깐 집에 다녀오는 거란다.

집에서는 반대로 인사를 한단다. 안녕히 계시라며 집을 나오다니. 나처럼 고개를 갸웃하는 부모님의 표정이 그려졌다. 거꾸로 인사법을 말려봤지만 지선이의 인사는 금세 우리 반 모두의 인사가 되었다.

"선생님, 친구들이 선생님을 왜 좋아하는지 알아요?"
"글쎄, 잘 모르겠는데? 왜 좋아할까?"
"선생님이 우리한테 친절하게 해주잖아요. 사랑해주고요. 우리도 똑같이 돌려주는 거예요. 내가 선생님 이야기를 책으로 만들었어요. 봐봐요."

지선이는 A4종이를 접어서 만든 책을 펼쳤다. 작은 면지에 글과 그림이 빼곡했다.

"옛날에 옥황상제 옆에는 태어나는 아기들한테 마음 가루를 뿌려주는 개구리가 살았어요. 개구리는 아기들에게 모든 마음 가루를 한 숟가락씩 넣는 일을 했어요. 착한 마음, 나쁜 마음, 기쁜 마음, 슬픈 마음… 이렇게요. 그런데 선생님이 태어날 차례에 실수로 착한 마음 가루를 통째로 다 쏟은 거예요. 그래서 선생님이 이렇게 착하게 태어난 거예요. 이제 알겠죠?"
"선생님은 착한 마음이 한 통이나 들어 있는 거야?"
"그렇다니까요. 그래서 옥황상제가 개구리를 세상으로 쫓아냈어요. 개구리는 착한 마음 가루를 못 받아서 나쁜 일 하는 사람들을 다 찾아야 해요. 착한 마음 가루를 다

뿌려줘야 다시 하늘로 갈 수 있거든요. 너무 많아서 아직도 하늘로 못 돌아갔어요."

내가 이렇게나 그럴싸하면서 무척 황당한 탄생 설화의 주인공이라니! 이런 날은 조심해도 소용없다. 입꼬리와 눈꼬리가 하늘을 향해 치솟다 발을 헛디뎌 늪에 빠지기 쉽다. 내가 아이들에게 좋은 선생님일지도 모른다는 착각의 늪.

내가 착각에 빠지는 날은 아주 많다. 쉬는 시간이면 책상 주변에 모여들어 재잘대고 으스대는 아이들, 조용히 나를 부르기에 대답하면 "사랑해요."라고 속삭이며 씨익 웃는 아이들, 하교 때 안아주기 인사를 반복하며 더 남아서 공부하자는 아이들, 수업이 시작되어도 뭔가에 몰두해서 보면 내 모습을 그리고 쪽지를 쓰는 아이들, 불쑥불쑥 종이 팔찌, 반지, 열쇠고리 같은 걸 내밀며 이제 커플이라는 아이들을 볼 때도 그렇다.

당당하게 '선생님 껌딱지'를 자처하던 지현이도 그중 한 아이였다. 화장실까지 나를 쫓아다니고 수업 시간을 빼고는 내 손을 자기 손처럼 쓰려고 했다. 선생님 손을 독차지하려다 다른 친구들과 다투니 곤란할 때도 있었다. 하루는 지현이가 씩씩거리며 달려와서는 앞뒤 없이 물었다.

"선생님, 하루살이는 하루만 사는 거 아니죠? 애들이 자꾸 아니래요."
"그래? 선생님이 알기로는 하루나 며칠밖에 못 살아서 이름이 하루살이라던데."
"정말요? 아, 불쌍해."

지현이는 입을 비죽 내밀더니 자기 자리로 가서 잠잠했다. 잠시 후에 내민 시 공책에는 하루살이에 대한 시가 쓰여 있었다.

> 하루살이는 하루를 먹고 사는 줄 알았는데
> 선생님이 하루밖에 못 산대.
> 불쌍해.
> 내가 하루살이였다면
> 선생님을 하루밖에 못 봐.
> – 동시집 『나랑 자고 가요』 중 「하루살이」 (서지현, 여덟 살)

내가 다 읽기를 기다렸다가 자기가 하루살이가 아니어서 다행이라는 말도 덧붙였다. 연애편지보다 백배 더 달콤한 고백이다. 몇 번이고 읽어도 "내가 하루살이였다면 선생님을 하루밖에 못 봐."에서 심장이 고장 난 것같이 삐거덕거린다.

어릴 적, 쌀이나 옥수수 알을 넣고 손으로 바퀴를 계속 돌리다 "뻥이요!"를 외치던 뻥튀기 아저씨가 떠올랐다. 한 줌 곡식으로 거짓말처럼 거대한 튀밥 한 자루를 만들어내는 게 신기했다. 아이들의 사랑은 꼭 그 뻥튀기 같다. 무거운 바퀴를 계속 돌리다보면 때로는 손이 아프고 힘들 때도 있다. 굳은살이 배기고 손에 상처가 생기기도 한다. 그래도 멈추지 않고 돌리면 반드시 돌려준다. 부드럽고 고소하고 한가득 넘치는 사랑을.

아이들은 자기들이 더 사랑받는다고 생각하지만 사실 사랑은 어른인 내가 훨씬 더 많이 받는다. 감기 몸살이 심해서 병가를 쓸까 여러 번 망설이다 학교에 나온 날도 그랬다.

1학년 아이들도 상황을 한눈에 알았다. 병원에 가라, 주사를 맞아라, 링거를 맞아라, 명의를 자처했다. 나는 수업을 마치고 병원에 가겠다고 약속하고 아이들은 다른 날보다 열심히 공부하겠다고 약속했다. 점심시간이 지나고 이제 한 시간만 더 하면 끝난다고, 마음을 다잡는데 아이들이 손을 잡아끈다. 책상 위에는 검은색 비닐봉지가 놓여 있었다.

"썬쌩님, 이거 싼쌈이에요. 우리가 챘어요."

여덟 살까지 필리핀에서 살다 와서 우리말이 서툰 성연이가 흥분하며 말했다. 채민이가 자랑스럽게 덧붙여 설명을 시작했다. 운동장에 반원으로 타이어를 박아둔 곳에서 산삼을 발견했고, 뿌리가 길어서 중간놀이 때도 캐고 점심시간에도 계속 캤단다. 봉지 안에는 다닥다닥 테이프를 붙여 감싼 종이가 있었다. 산삼은 여기저기 상처가 났지만 제법 긴 뿌리와 가느다란 털이 촘촘히 있었고 뽀얀 속내를 내보였다.

아이들이 중간놀이가 끝나고 한참 후에야 땀을 뻘뻘 흘리며 뛰어온 이유를 알았다. 옹졸한 선생은 섭섭한 마음에 기어이 한소리했는데…. 아이들은 뜨거운 햇빛 아래서 조심조심 산삼을 캐고, 씻고, 닦고, 포장까지 하느라 뛰어놀지도 않고 밥도 제대로 먹질 않았다. 산삼의 것이었을 흙이 아이들 손톱 밑에 까맣게 들어앉은 걸 보며 울컥하고 말았다.

"이거 먹고 아프지 마요. 산삼은 무슨 병이든 다 고쳐준대요."
"맞아, 효자 눈에만 보인댔어. 내가 효자라서 본 거야. 하하하."

"나도 효자야. 나도! 나도!"

"선생님, 울어요? 왜 울어요?"

"응, 좋아서 그래."

"좋으면 웃어야지 왜 우는데요?"

"그러게. 좋은데 자꾸 눈물이 나네."

"야, 좋으면 울 수도 있어. 우리 엄마도 저번에 그랬어."

"아까 중간놀이 때 싼쌈 캐다 늦은 거예요."

"그랬구나. 그것도 모르고 혼내서 미안해. 너무 애썼다. 선생님도 태어나서 산삼 처음 봤어. 산삼은 옛날부터 마음이 착한 사람들 눈에만 보인대. 그래서 너희들한테 보였나봐. 선생님은 이제 다 나은 것 같아. 열도 내리고 어지러운 것도 없어졌어."

"내일 학교 올 수 있어요?"

"그럼."

"휴~ 다행이다. 내일 선생님 못 오면 어쩌나 했는데. 산삼 꼭 먹어야 돼요."

"그래, 이제 걱정 안 해도 돼. 얘들아, 산삼을 찾은 사람이 뭐라고 외치는지 알아? 심봤다! 이렇게 외친대."

"심봤다!", "심봤다!", "심봤다!"

그날 이후 아이들은 심마니가 되어서, 그네와 미끄럼틀은 쳐다보지도 않고 산삼을 캐러 다녔다. 점심시간이면 책상 한가득 산삼장이 늘어섰다. 어느 날은 쭈쭈바 산삼, 어느 날은 요구르트병 산삼을 만들었다. 아예 집에서 화분을 가져와 산삼을 심기도 했다. 화분에서 하얀 꽃이 핀 날에는 신기한 꽃구경에 소동이 일기도 했다. 교실에는 온갖 잡풀이 늘어나고 소문은 무성해져서 우리 학교 어디에서 산삼을 캤다는 게 사실이냐는 부모님들의 연락을 받기도 했다.

가장 깊은 착각의 늪에 빠지는 건 헤어짐을 앞둔 때다. 2월, 마지막 수업을 앞두면 몇 주 전부터 마음이 심란하다. 스무 번을 반복했지만 익숙해지지 않았다. 어느 해 5학년 아이들과 헤어지는 날도 그랬다. 더 넓은 세상으로 날게 해주어야 한다고 여러 차례 마음을 다잡았지만, 베개를 적시고 뒤척이다 동이 텄다. 학교에 도착하니 1층에서 기다리던 강산이와 수아가 내 가방을 뺏어가며 걸음을 재촉했다.

무슨 꿍꿍인지 궁금했지만 꾹 참고 회의실에서 기다렸다. 10분이 지나니 수아가 교실로 가자며 내 손을 이끌었다. 블라인드를 모두 내린 교실에는 풍선이 걸려 있고 칠판에는 색색의 분필 글씨가 가득했다. 책상은 양쪽으로 치워졌고 한가운데 촛불길이 만들어져 있었다. 한 걸음 내딛을 때마다 양쪽에서 아이들 둘이서 꽃 한 송이씩을 내밀었다.

"선생님은 제 인생 최고의 선생님이었어요."
"선생님, 평생 잊지 않을게요. 선생님도 저 꼭 기억해주세요."
"저 때문에 힘드셨죠? 그동안 속 썩여서 죄송해요. 선생님 덕분에 저 사람 됐어요. 더 멋진 사람 돼서 꼭 찾아뵐게요."
"선생님은 계속 씨앗을 심고 우리한테 한 것처럼 제자들을 가르쳐주세요."
"이 세상 최고의 귀요미를 못 본다고 울지 마쎄요."

한 걸음, 한 걸음, 열네 걸음을 걸으며 한 명 한 명 아이들을 힘껏 부둥켜안았다. 가끔은 어디로든 교실이 아닌 곳으로, 아이들이 없는 곳으로 도망치고 싶었는데. 잘해주지 못했던 것, 화를 내고 소리 지르던 내 모습만 떠올랐다. 왜 그랬을까, 왜 그랬을까. 숨 몇 번 깊이 내쉬고 참았더라면 이렇게 미안하지 않았을 텐데.

"미안해. 얘들아. 1년 동안 선생님이 화를 많이 냈어. 정말 미안해."

"아닌데. 나는 선생님이 화낸 기억 안 나는데. 얘들아, 너희들 기억나?"

"아니. 안 나는데. 선생님은 어떤 이야기든 들어주시고 우리 마음을 이해해주셨어요. 무슨 일이든 우리 스스로 해결할 수 있게 도와주셨어요. 언제 화내셨는데요? 네?"

나는 힘에 부칠 때면 결국 화로 대응했는데…. 내게 떠오르는 순간은 모두 화내던 순간이었고, 아이들이 기억하는 순간은 모두 즐겁고 행복한 순간이었다. 날마다 책을 읽으며 이야기 나눈 기억, 한 줄 필사하기, 선생님과 급식 짝꿍이 되어서 반찬을 뺏어 먹던 기억, 목청껏 응원하고 달리던 운동회, 만우절 거짓말 소동, 친구들끼리 가르치고 배우던 수업들, 제3세계 어린이들을 도운 기억. 칠판을 가득 채운 끝없는 글 어디에도 나쁜 기억은 없었다.

아이들의 이야기를 들으면서 알았다. 사랑의 힘은 힘든 기억, 싫은 기억, 아픈 기억을 모두 덮는다는 것을. 어쩌면 51대 49의 작은 차이였겠지만 51의 사랑이 49의 상처를 다독일 수 있음을. 관계의 힘이 만든 기적. 온 마음으로 고마웠다. 수없이 보낸 마음, 수없이 보낸 편지, 수없이 보낸 신호를 읽어준 아이들이. 마음을 진심으로 받아들여준 아이들이.

『선생님, 기억하세요?』라는 책에는 새 학년 첫날부터 샛노란 비옷에 얼굴을 잔뜩 구긴 한 아이가 등장한다. 아이에게 학교는 얌전히 좀 있어라, 말 좀 잘 들어라, 자신이 못 하는 일만 시키는 곳이었다. 그런데 옷이 젖어 혼날 일만 남았다고 생각한 아이에게 선생님은, 지금 막 강을 헤치고 온 용감한 탐험가 같다고 말한다. 텃밭을 가꿀 때도, 공부가 어려워서 집에 가고 싶을 때도, 장난을 칠 때도 선생님은 아이의 마음을 알아주었다. 물론 "환장하겠네."라며 화를 내기도 했다. 마지막 날, 선생님과 아이는 서로를 잊지 않겠노라 약속했고 어른이 된 아이는 정말 잊지 않았다고 이야기한다.

책 속 선생님처럼 될 자신은 없지만 나도 누군가의 마음에 오래 기억되고 싶다는 꿈은 있다. "사람의 있을 곳이란 누군가의 가슴속밖에 없는 것이다."『냉정과 열정 사이』라는 소설 속 문장이다. 그렇다면 나는 아이들이 내 가슴에 오래도록 있기를 바랐다. 나도 아이들 가슴에 가끔 기억되는 사람으로 남기를.

이 글을 쓰는 동안, 22년을 교사로 살아온 이유에 대한 답을 찾았다. 뺑튀기 사랑 때문이다. 뺑튀기 사랑은 이길 수가 없다. 알고 있다. 내가 괜찮은 선생님이어서 사랑받는 게 아니라 어린이들이 원래 사랑이 많아서라는 사실을 말이다. 어린이는 누구도, 무엇도, 그냥 사랑하는 존재다.

집에 다녀오겠다는 인사를 받으며, 하루살이 시를 읽으며, 창가에 즐비한 산삼을 말리며, 촛불길을 걷는 날에는 잠깐 늪에 빠져 머물고 싶다. 이것으로 내가 살아왔고 살아갈 이유가 충분하다고. 누가 뭐래도 뻔뻔하고 당당하게 생각한다.

어쩌면 가끔은 괜찮은 선생님일지도 모른다고.

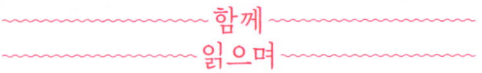
함께 읽으며

『선생님, 기억하세요?』 __데보라 홉킨슨 글 | 낸시 카펜터 그림 | 길상효 옮김 | 씨드북

『우리는 언제나 다시 만나』 __윤여림 글 | 안녕달 그림 | 위즈덤하우스

『선생님을 만나서』 __코비 야마다 글 | 나탈리 러셀 그림 | 김여진 옮김 | 나는별

이렇게도 해보았어요

💬 자신이 기억하는 선생님 이야기를 나눈다.

💬 기쁘고 즐거웠던 일, 화나고 속상했던 일, 아쉬웠던 일 등 한 해 동안 있었던 일을 이야기한다.

💬 나는 누구에게 어떤 사람으로 기억되고 싶은지 대화한다.

맺음말

그림책을
그림책으로 읽어요

날마다 아이들과 책을 읽었어요. 가끔 빼먹는 날도 있지만 아이들도 저도 읽지 않으면 바람 빠진 공처럼 힘이 없어지네요. 특별한 계획 없이 그날의 상황과 기분, 날씨에 따라 떠오르는 책을 읽고 아이들과 이야기를 나누는 게 전부지요.

봄이면 『민들레는 민들레』, 『봄 숲 놀이터』 같은 책을 읽고서 산책을 나가고, 『상추씨』를 읽은 뒤 씨앗을 뿌려요. 여름이면 비 오는 날을 기다리고 『비 오니까 참 좋다』, 『이렇게 멋진 날』을 읽고서 비 산책을 가지요. 우산을 쓰고 걷다가 비를 홀딱 맞기도 하지만 아이들 뒤를 따르면 이보다 더 좋을 순 없습니다.

가을에는 『누구게?』, 『안녕, 가을』, 『산에 가자』 같은 책을 읽고 나서요. 낙엽을 모아서 산처럼 쌓고 뿌리며 낙엽 싸움 놀이에 열을 올리죠. 조그만 상자에 열매나 단풍을 모으기도 하고요. 겨울에는 눈 내리는 날을 손꼽아 기다리며 『눈 오는 날』, 『두더지의 고민』, 『두더지의 소원』을 읽습니다. 책과 자연이 만나서 어우러지는 모든 순간이 더없이 좋아요.

『눈물바다』, 『빨리빨리라고 말하지 마세요』, 『내 마음, 들어 보세요』, 『걱정 상자』처럼 아이들의 마음과 마주하는 시간도 빼놓을 수 없네요. 그중에서도 제일 좋은 건 『장수탕 선녀님』, 『문어 목욕탕』, 『팥빙수의 전설』, 『벗지 말걸 그랬어』같이 재미난 이야기에 폭 빠져 상상의 세상에 함께 발을 담그는 겁니다.

십수 년 전 아이들에게 그림책을 읽어주기 시작한 초반에는 그림책에 관심을 두는 어른이 많지 않았지만, 지금은 아이들의 전유물로 여기던 그림책을 보는 시각이 달라졌어요. 자녀를 위해, 자신을 위해 좋은 책을 알고 싶어하는 사람들이 많아지고 그림책에 퐁당 빠진 어른들도 보이지요.

그림책을 활용한 토론과 수업이 초등교육에 바람을 일으킨 지도 한참 되었네요. 그림책으로 함께할 수 있는 주제는 한계가 없기에 다양한 교과와 주제에 접목하는 분들도 많아졌고요. 많은 교사가 그림책을 활용한 수업안을 만들어 공유하고 연구회 활동을 하며 전문성을 키우는 모습이 반갑습니다. 교과 연계 도서를 소개하고 수업안과 활동지를 제공하는 고마운 출판사도 늘었지요.

이렇게 그림책의 가치를 알아가는 변화가 놀랍고 뿌듯하다가도, 그림책을 사랑하는 한 사람으로 경계하는 마음이 생겨요. 그림책을 도구 삼아 무언가를 하려는 시도들이 자칫 그림책을 학습의 수단으로 편중되게 만들까봐 조심스럽거든요.

독서에 관한 많은 책 가운데 저의 인생 책은 다니엘 페나크의 『소설처럼』이에요. 이 책은 독자로 누릴 권리 열 가지를 제안하는데요, 제멋대로 책을 읽던 저에게 죄책감에서 벗어나 자유로운 독자로 살아가라고 이야기해주었지요. 작가는 "소설을 그냥 소설로, 소설처럼 읽어라." 하고 말합니다. 그 말을 빌려 저도 이렇게 얘기하고 싶어요.

"그림책을 그냥 그림책으로, 그림책처럼 읽어요."

책을 재미있게 읽는다면, 웃기고 슬프고 화나는 내 마

음을 책이 읽어준다면, 그걸로 충분하지 않을까요. 그림책에 담긴 어른들의 욕심과 목적이 아이들에게 부담으로 작용하지 않기를 바랍니다.

유아기 때 아이들은 대부분 책을 좋아합니다. 그런데 책이 학습 도구가 되고 강제성을 띠는 순간부터 뒷걸음질이 시작되지요. 공부가 된 책은 지적인 성장에는 도움을 줄 수 있겠지만, 점차 아이들의 삶 밖으로 밀려나더군요. 쓸모없어 보이는 책 읽기를 허용할 때, 선택권과 주도권을 돌려줄 때, 아이들이 책의 곁으로 돌아오리라 믿습니다.

삶 속에 목적이나 이유 없이 좋은 것 하나쯤은 있어야 하지 않을까요. 쓸모없어 보이는 무언가가 살아가는 즐거움이 될 수 있고, 또 결국에는 쓸모 있는 무언가를 도모할 힘을 주기도 하니까요.

가난한 어린 시절, 아버지가 쓰레기 더미에서 주워다 준 책을 읽고 커서는 여덟 평 양철 지붕 흙집에서 평생 책을 읽고 쓴 권정생 선생님을 떠올려봅니다. 사람들의 시선으로는 한없이 초라하고 작은 집을 당신은 "따뜻하고, 조용하고 그리고 마음대로 외로울 수 있고, 아플 수 있고, 생각에 젖을 수 있어 참 좋다."고 하셨지요.

책 읽기란 나와 세상을 마음껏 느끼고 생각할 수 있는

혼자만의 방을 갖는 것이 아닐까 합니다. 그러니 책에 곁을 내어주는 일은 무한의 시공간에서 수많은 사람과 삶을 만나며 살아가는 일이겠지요. 누구에게나 이런 골방이나 다락방 하나쯤 필요하지 않을까요.

어린이들이 자기만의 방에서 책에 기대어 뒹굴며 낄낄대고 때로는 위로받기를. 그러다 사춘기라는 폭풍을 만나면 외롭고 아프고 질문하고 저항할 수 있기를 바랍니다. 그런 어린이, 청소년 시절이 지나야 어른이 되었을 때 즐거움을 온전히 느끼고 함께 나눌 수 있는 사람, 아픔을 감당하고 다른 이를 보듬을 수 있는 사람이 된다고 생각하니까요.

단 한 권이어도 좋아요. 누구나 '내 인생의 책', '내 편이 되어줄 책'을 만날 수 있기를 바랍니다.

추천의 글

나도 씨앗샘의
학생이 되고 싶다

"열매하나 출판사에서 씨앗샘 책을 꼭 내주셨으면 좋겠어요." 나도 모르게 오랫동안 품고 있던 마음속 이야기가 나왔다. 내가 아는 정말 멋진 어른, 존경하는 선생님의 이야기가 민들레 씨앗처럼 멀리멀리 퍼지길 바랐기 때문이다. 열매는 씨앗을 심는 것에서 시작되니 우리 셋의 인연은 운명이라고 생각했다. 열매하나의 열매와 씨앗샘과 내가 함께 모였던 어느 날, 나는 우리의 미래를 확신할 수 있었다.

3년 넘는 시간 동안 씨앗샘과 독서 모임을 했다. 모임이 열리는 날이면 자연스레 선생님의 교실 속 이야기를 들을 수 있었다. 이야기가 끝나면 그 자리의 모두가 씨앗샘 교실

의 씨앗이 되고 싶어했다. '이런 선생님과 함께라면 평생 학교에 다녀도 좋겠다!'

'100교시'를 외치며 학교에 오래 있고 싶다는 아이들은 드라마 속 이야기가 아니었다. 씨앗샘 교실에는 특별함이 있었다. 바로 모든 아이가 씨앗처럼 다 다르게, 다다를 것이라는 믿음이었다. 진심으로 아이들의 가능성을 믿는다는 것이 얼마나 쉽지 않은 일인지 나 또한 두 아이의 엄마가 되고서야 알게 되었다.

씨앗샘은 교실 이야기가 궁금한 다양한 현장의 부름에도 늘 최소한의 응답밖에 할 수 없다. 선생님의 출장길을 막고 붙드는 아이들 때문이다. "나는 평교사로 교직 생활을 마무리하고 싶어요." 독서 모임에서 들었던 씨앗샘의 말 속에는 오래오래 아이들 옆에 있고 싶다는 바람과 교사는 언제나 아이들 옆에 있어야 한다는 믿음이 함께 담겨 있다. 초등 교사들의 직업 환경을 옆에서 접할수록 그 바람과 믿음이 놀랍게 다가온다.

씨앗샘 교실에는 놀이가 있고, 그림책이 있고, 아이들이 함께 있다. 어느 날은 비가 오고, 또 어느 날은 햇볕이 뜨겁게 내리쬘 것이다. 모두 다른 씨앗들이 씨앗샘과 함께 서로 보듬어 안고 계절을 지나 저마다 다른 모양의 열매를 맺을 것이다.

펑펑 눈이 오는 날 열린다는 100교시 수업. 그 수업에 나도 학생이 되어 함께하고 싶다. 『100교시 그림책 수업』이라는 책 씨앗이 여러 이들의 마음에 새로운 싹을 틔우리라 믿는다.

김주은
책방심다 대표

내 안의 어린이를 흔들어 깨우는 책

『100교시 그림책 수업』에는 아이들의 삶이 살아 펄떡인다. 보라색 마법의 돌을 찾아 학교를 샅샅이 뒤지는 모험을 하고, 100교시를 사수하기 위해 아홉 살 똥고집을 부리고, 가슴이 콩닥콩닥한 순간들을 당당하게 사랑이라고 말하며, 중간놀이 시간에 아픈 선생님께 드릴 산삼을 캐느라 정작 수업시간에 늦어버리기도 한다. 글 밖으로 아이들의 심장 뛰는 소리가 들려오는 듯하다. 우리가 미처 몰랐고, 자세히 들여다보지 않았던 어린이의 세계가 생생하고 경이롭게 펼쳐진다. 여기에 그림책이 한 권씩 보태지며 이야기 세계가 확장한다. 엄마 아빠는 바빠서 외롭고, 글자를 몰라 세상이 무섭고, 자기를 좋아하는 친구나 이해해주는 선생님이 없어서 학교가 싫은 아이들의 진솔한 목소리를 들을 수 있는 소중한 경험이다.

이 책은 아이들과 그림책을 사랑한 선생님의 성장 일기이자 교육서이기도 하다. 그림책을 아이들의 삶과 연결지으며 교육의 본질이 무엇인지 묻고 성찰한다. 그림책을 꾸준히 정성스럽게 읽어주는 일을 20여 년 넘게 실천해온 교사만이 들려줄 수 있는 깊이와 내공은 감동으로 이어진다. 자신도 모르는 사이에 누군가 상처받는 일을 만들면 어쩌나 걱정하는 선생님이고, 교실 바닥에 아이가 질러놓은 소변을 걸레를 들고 닦아내는 선생님이며, 아이들이 왜 그런 행동을 하는지 지켜보며 대화하려 애쓰고, 때로는 자신도 길을 잃었다 솔직하게 털어놓는 선생님이라서 고맙고 든든하다. 아이들은 이런 어른들을 울타리 삼아 저마다의 세상과 우주를 빚어간다.

아이들이 100교시를 외친다는 말을 듣고 씨앗샘 반 교실에 가본 적이 있다. 내가 본 교실은 그대로 그림책 미술관이었다. 판타지 세계의 문을 열고 들어간 것처럼 게시판과 사물함, 학급문고와 책상 위에서 그림책 주인공들이 인사를 했다. 씨앗샘과 아이들이 서로를 바라보는 눈빛에서는 꿀이 뚝뚝 떨어졌는데, 그 깊은 유대감에서 아이들이 평소 얼마나 존중받는지 느꼈다. 그대로 나도 씨앗샘 반 학생이 되고 싶었다.

씨앗샘은 도서관 운영위원으로 참여해 학교와 도서관이 함께할 일에 힘을 보탰다. 다정하고 살뜰하게 도서관 운영자들을 격려하는 일은 물론 걱정 많은 초등 1학년 학부모 교육을 맡아 학교 생활의 이모저모를 친절하게 알려주기도 했다. 씨앗샘이 자신의 서랍 속에 고이 간직한 이야기를 들려줄 때마다 정말이지 혼자 듣기 아까웠다. 도서관 북토크의 이야기 손님으로, 방학 특별프로그램 기획자로 초대해 그림책을 매개로 신나는 활동을 펼치기도 했다. 그중에서도 도서관에서 씨앗반 아이들이 만든 그림책 캐릭터를 전시했던 경험은 따스한 기억으로 남았다.

"어떤 모습이든 어린이 그 한 사람을 온전히 받아들이고 환대하는 곳, 학교가 그런 곳이 되면 좋겠다."라는 씨앗샘의 바람에 기쁘게 어깨를 건다. 내 안에 잠들어 있던 어린이를 흔들어 깨우는 책을 만나 정말 행복하다.

정봉남
광주광역시교육청 시민참여팀장, 전前 순천 기적의도서관 관장

아이들이 부르는 100교시 노래

　　아이들은 모두가 씨앗입니다. 씨앗은 스스로 무엇이 될지 모릅니다. 다만 매순간 최선을 다해 힘껏 살아가지요. 힘차게, 느리게, 아름답게, 빠르게, 걷다 뛰다 가끔 멈추기도 하고요. 때론 아무것도 하지 않는 듯 보이는 시간 속에서도 아이들은 모두 무언가로 성장하고 있습니다.

　　씨앗들의 선생님인 씨앗샘은 어른의 시간이 아닌 아이의 시간에 맞춰 앞이 아닌 옆에 서서 나란히 걷습니다. 무엇이든 될 수 있고, 또 되고 싶은 씨앗들에게 빛과 바람과 그늘과 비가 되어줍니다. 그림책이 내어주는 길을 믿고, 그림책에 기대어, 세상의 잔소리에 흔들리지 않고, 오직 아이들 편에

서서, 그저 씨앗이 성장하는 모습을 지켜주지요. 무엇이 되어도 좋고, 지금이 아니어도 너의 시간이 올 거라며 최선의 응원을 보내는 선생님. 아이들 곁에 씨앗샘이 있다는 사실에 마음이 훈훈합니다.

씨앗샘의 교실 안에서 어린이들은 자기 생각과 느낌을 그대로 존중받겠지요. 아이의 신호를 무심히 흘려보내지 않고, 자기 마음대로 방향을 바꾸려 하지 않는 씨앗샘의 모습이 손에 잡히는 것 같습니다. 그림책의 가장 기본적인 감상법은 이래야 합니다. 작가의 의도가 중요한 것이 아니라 읽는 사람의 감정이 주인이 되어야 하죠.

누구보다도 그림책을 그림책답게 읽어내는 씨앗샘과 아이들이 대견합니다. 종이 안에 갇힌 글을 밖으로 꺼내 삶을 흔드는 선생님과 아이들의 모습에 자꾸 눈물이 났습니다. 그림책으로 교실 안의 삶이 조금씩 선명해져 가는 걸 보며, 이들이야말로 살아 있는 그림책 독자라는 생각이 들었습니다.

사실 씨앗샘은 울보입니다. 무슨 말만 하면 좋은 일이든 슬픈 일이든 눈에 그렁그렁 맺힌 눈물이 뚝 떨어지지요. 이 책을 읽고 이제야 알았습니다. 씨앗샘 속에는 선생님이 만났던 수많은 아이들이 알알이 차올라 있다는 것을요.

씨앗샘의 마음에 저마다 하나씩 점을 찍은 아이들 이름

을 가만히 불러봅니다. 모양도 크기도 다른 점들은 시간이 지나도 그대로 남았습니다. 점들은 모이고 이어져 때로 어두운 밤길을 걷는 씨앗샘 마음속에 별자리로 나타납니다. 씨앗샘과 그림책을 읽으며 별처럼 환하게 웃을 아이들의 얼굴이 선합니다. 저도 함께 응원하고 싶습니다.

황진희

그림책 번역가

100교시 그림책 수업

2022년 8월 23일 초판 1쇄 발행
2024년 11월 8일 초판 4쇄 발행

지은이   김영숙

펴낸이   천소희
기획   박수희
교정   김민채
제작   영신사
종이   월드페이퍼(주)

펴낸곳   열매하나
등록   2017년 6월 1일 제25100-2017-000043호
주소   (57941) 전라남도 순천시 원가곡길 75
전화   02.6376.2846 | **팩스** 02.6499.2884
전자우편 yeolmaehana@naver.com
인스타그램 @yeolmaehana
ISBN   979-11-90222-26-6 03370

ⓒ 2022. 김영숙

이 책은 마포 브랜드 서체 Mapo금빛나루(마기찬 디자인)와
Mapo꽃섬(김민정 디자인)을 사용하여 제작되었습니다.

 삶을 틔우는 마음 속 환한 열매하나